/ 아이슬란드 링로드 완전 일주 /

캠핑으로 떠나는 아이슬란드

Don't worry, Camp here!

Prologue

이 지구상에서 우리가 머무는 시간은 매우 짧다.

각자의 허락된 시간 내에서 자연과 조화를 이루어 존재하는 모습들을 여행이라는 과정을 통해서 목격하는 것은 큰 축복이 아닐 수 없다.

아이슬란드 여행 중, 비크라는 마을에 잠시 들렀을 때 보았던 패러글라이딩 광고 포스터가 잊혀지지 않는다.

광고 모델은 90세는 되어 보이는 할머니.

붉은 립스틱으로 곱게 화장을 하고 소녀처럼 활짝 웃는 모습으로 상반신이 클로즈업 된 할머니는 커다란 선글라스에 패러글라이딩 장비를 갖추고 금방이라도 하늘을 날 채비를 하고 있었다.

건장한 젊은 모델이 폼 나게 하늘을 나는 모습이었다면, 고소 공포증이 있는 나는

'난 저런 건 못해.'

두려움부터 느꼈을 텐데, 그 광고를 보는 순간

'나도 한 번 해 보고 싶어'

라는 생각을 순간적으로 하게 되었다.

그저 자연이 좋아 신혼 초부터 해 오던 캠핑이 언제부턴가 동심으로 돌아가게 하는 유희로, 삶의 고달픔을 덜어주는 좋은 명약으로 우리에게 다가왔다. 몇 년 전부터는 그 동안 해오던 여행의 방식을 캠핑으로 바꾸어 북해도, 뉴질랜드를 다녀오며 여행의 새로운 맛을 느껴왔다.

떠나야지 언젠가는, 하고 벼르던 아이슬란드를 여행지로 떠올리며 우리 부부는 망설임 없이 캠핑으로 가자 의기투합했고, 아이슬란드 케플라빅 공항에 발을 들여놓는 순간, 캠핑 여행 선택이 훌륭했음을 본능적으로 알아차리고 쾌재를 불렀다.

아이슬란드에서의 하이킹과 빙하와 온천과 화산과 폭포는 자연의 경외감을 새롭게 느끼게 해 주었고, 캠핑을 하며 아이슬란드를 여행하는 12일 내내 우리 부부는 유목민으로서 무척 행복했다.

패러글라이딩 광고 포스터의 할머니처럼 우리 부부의 캠핑 여행기가 해외 캠핑 여행을 꿈꾸는, 아이슬란드의 여행을 꿈꾸는 이들에게 나도 저렇게 한 번 해보고 싶다, 나도 할 수 있겠네 라는 생각을 품을 수 있게 되기를….

Don't worry, Camp here!

2017년 1월 임찬호·김효송

Contents

Horn
Ísafjarðardjúp
Bolungarvík
Ísafjörður
Drangajökull
Flateyri
Arnarfjörður
Thingeyri
Bíldudalur
Patreksfjörður
Hólmavík
Húnaflói
Skagaströnd
Blönduós
Osar
Bjarkalundur
Króksfjarðarnes
Hvammstangi
Breiðafjörður
Bordheyri
Búðardalur
Hellissandur
Grundarfjörður
Siglufjörður
Skagafjörður
Hofsós
Sauðár
Varmahlíð
Langjökull
Borgarnes
Faxaflói
Akra
REYKJAVÍK
Hafnarfjörður
Keflavík
Kópavogur
Garðabær
Thingvallavatn
Thingvellir
Geysir
Laugarás
Selfoss
Eyrarbakki
Hella
Grindavík
Thorlákshöfn
Hvolsvöllur
Mýrdal
Skógar
Heimaey
Vestmannaeyjar
8
1
9
10

Raufarhöfn
Thistilfjörður
Fontur
Öxarfjörður
Kópasker
Thórshöfn
Bakkaflói
Bakkafjörður
Skjálfandi
Húsavík
Vopnafjörður
6
Vopnafjörður
Reykjahlíð
Grímsstaðir
Akureyri
7
Bakkagerði
5
Seydisfjördur
Eskifjörður
Búðir
4
Breiðdalsvík
Djúpivogur
Vatnajökull
Höfn
Hornafjörður
Öræfajökull
Fagurhólsmýri
3

#01

7월 26일 밤

네덜란드 암스텔담 / 아이슬란드 레이캬비크 (케플라빅 공항, 레이캬비크 캠핑장)

2016년 7월 26일 밤 10시 25분, 우리 부부(기린과 산다람쥐)는 아이슬란드행 비행기에 몸을 실었다.

도심의 길만큼이나 운하가 많은 도시, 맞배지붕과 튤립, 풍차, 치즈 그리고 거리의 자전거가 인상적이었던 암스텔담. 반 고흐 미술관을 관람하고 석양이 지는 시간, 운하 투어를 마지막으로 3박 4일간의 암스텔담 여행을 마치고 스키폴 공항으로 이동했다.

천천히 걸으며 둘러보기에는 생각보다 아기자기하게 볼 게 많고 활기에 차 있던 암스텔담에서의 여운에 잠겨 있던 나와는 달리 남편은 비행기 좌석에 앉자마자 아이슬란드 여행의 기대에 부풀어 두 눈이 말똥말똥, 설렘을 감추지 못한다. 나는 예외 없이 스르르 잠이 들어 비행기가 이륙하는 것도 몰랐다.

아이슬란드 항로 _ 2016.07

깨어보니 밤 열 두 시가 조금 넘었는데 창문 너머로 노을이 붉다. 얼핏 보면 이제 막 해가 뜨려나 싶은 광경인데 일몰이라니, 이 시간에. 말로만 듣던 북위 66°에서의 백야를 비행기에서 처음 경험하며 마음이 들뜬다. 붉은 노을을 처음 보는 양 신기해서 휴대폰으로 촬영을 하니 내 자리 옆 창가 남자가 몸을 최대한 뒤로 젖혀 주며 미소 짓는다. 다른 승객들도 이제 어설픈 단잠에서 깨어 들뜬 마음으로 그 모습을 지켜보고 촬영하느라 비행기 안이 잠시 술렁인다.

케플라비크 공항에서 나오니 새벽 1시. 밖은 초저녁처럼 훤하고 날씨는 제법 쌀쌀하다. 약간 추울 거라 예상은 했지만 공항 바로 밖 주차장에 주차되어 있는 렌터카를 찾아 잠시 헤매는 사이 바람이 어찌나 차가운지 미처 옷을 갈아 입지 못하고 여름 옷 그대로 온 나는 추워서 덜덜 떨어야 했다. 일본이나 뉴질랜드에서 렌트할 때는 직원들이 일일이 차 있는 곳에 직접 와서 설명해 준 다음 차를 인계해 주었는데 이곳은 우리가 키를 받아 주차장에서 차를 찾아야 하는 시스템이다.

약 20여 분을 밖에서 짐 지키며 차를 찾아오기를 기다리는 동안 추운 바람이 살을 파고 들어 무척이나 고통스러웠다. 아이슬란드의 추위를 이 한여름에 제대로 느낀 셈이다. 이렇게 아이슬란드는 살가운 추위로 우리를 맞았다. 차에 짐을 싣고 자리에 앉자마자 급히 히터를 틀고, 시트열을 올리고도 한참을 오들오들 떨어야 했다. 하지만 바로 추위가 다가 아닌 상황이 벌어졌다.

백야 1 _ 밤 12시경 케플라비크 공항 착륙 순간 _ 2016.07

북위 66도 _ 상점 간판 _ 2016.07

백야 2 _ 공항에서 시내로 들어가는 길 / 새벽 2시경 _ 2016.07

우리가 이 꼭두새벽에 찾아가야 하는 레이캬비크 캠핑장 주소의 네비가 제대로 안 찍힌다. 영어도 아닌 이 나라 언어를 어렵게 찾아 몇 번이고 쳐보지만 이상하게도 입력이 안 되는 것. 그리고 휴대전화도 3G가 먹통이어서 쓸 수가 없고 시간이 지나 추위 충격은 조금 가셨지만 그대로 길거리 미아가 되어 버렸다.

일단은 이정표를 따라 수도인 레이캬비크로 들어가며 중간중간 주유소에 들러 주소를 확인하고 네비를 찍어보고 가다가 아니면 다시 돌아 나오고를 몇 번이나 반복한 끝에 네 시가 넘어서야 겨우 캠핑장을 찾을 수 있었다. 비용을 조금 아끼려고(렌트비용이 생각보다 많이 비쌈.) 수동 운전차를 빌렸는데 후진기어를 찾지 못해 후진을 할 때는 밖에 나가 차를 돌리는 해프닝을 연출하면서….

길 찾기 _ 2016.07

밤도 새벽도 아닌 어중간한 시간인데도 동틀 무렵의 날이 훤히 밝아오기 직전의 모습이어서 넓은 캠핑장이 한 눈에 들어온다. 이리 큰 캠핑장을 알리는 캠핑장 사이트 표지판이 도로 옆 입구에 손바닥만하게 있다는 게 도저히 이해가 안되고 좀 화가 나기도 했다. 간판을 크게 해놨으면 우리가 쉽게 찾을 수 있었을 텐데. 우린 그 표지가 안 보여 같은 곳을 서너 번을 돌고 또 돌았었다. 어쨌든 아이슬란드 여행 첫 날, 신고식을 톡톡히 치르고서야 겨우 찾은 캠핑장은 그야말로 구세주요 안식처였다.

첫날 텐트 _ 2016.07

그나마 백야여서 주위가 훤했기 망정이지 캄캄했다면 처음 온 이국 땅에서 날밤을 샐 뻔했다. 캠핑장 사이트 밖 도로 주차대에 겨우 주차를 해 놓고 우린 자는 사람들을 방해할까 싶어 조용히 텐트를 쳤다. 워낙 많이 사용하던 간편한 텐트라 10분 정도 후엔 드디어 우리 집이 완성되었고 익숙한 남편과 나의 분업으로 살림살이는 물론이고, 따뜻한 잠자리가 완성되었다. 캠핑장 주변의 시설은 썩 훌륭했다. 벌써 이슬이 내려 촉촉한 잔디를 밟으며 화장실과 샤워룸을 다녀와 첫 잠자리에 들었다.

#02

7월 27일

레이캬비크 (레이캬비크 캠핑장)

밖에서 남편이 부르는 소리에 눈을 뜨니 텐트 안이 환하다. 참 우린 지금 레이캬비크에 와 있지.

"날씨가 어때?"

"네 눈으로 직접 봐."

얼른 텐트 문을 여니 흰구름이 떠 있는 맑고 쾌청한 푸른 하늘에 시원한 바람이 들어온다. 조용하던 주변도 아침 준비를 하느라 벌써 떠날 채비를 하느라 분주하다. 프랑스어, 독일어, 스페인어…, 여러 나라 말이 한꺼번에 들린다. 드디어 우리가 아이슬란드에 온 거구나. 이제서야 실감이 나며 얼른 일어나 밖으로 나왔다.

지난 밤 너무 추워서 겨울용 침낭에 내복을 챙겨 입고 잤는데 그 위에 그대로 겉옷을 걸쳐입어야 할 정도의 선선한 날씨다. 여기 있는 내내 혹시나 해서 가져온 내복과 친해져야 할 것 같다. 아직 채 걷히지 않아 이슬이 촉촉한 잔디 위에 가지각색의 여러 모양의 텐트들이 옹기종기 모여 있고 길가 주차장엔 크기와 모양이 가지각색인 캠핑카가 주차되어 있다.

차량용 텐트 _ 2016.07

캠핑장 잔디밭 사이 흙길로 이어진 캠핑장 부대시설엔 아침 식사하는 사람들로 가득 차 있고 화장실, 샤워실로 사람들이 분주히 오간다. 저녁도 제대로 먹지 못하고 밤새 헤맸으니 배가 고플 수밖에. 우리도 피크닉 테이블에 합석해서 아침 식사를 했다. 혹시 몰라 암스텔담에서 간단히 장을 봐 왔다. 식빵, 딸기잼, 땅콩잼, 치즈, 그리고 사과와 천도복숭아, 요플레.

우리와 피크닉 테이블을 함께 한 가족은 아직 어린 딸 하나를 둔 젊은 부부다. 눈인사만 미소로 나누고 식사를 하는데 잠시 후 벌 한 마리가 날아들어 아침 식사를 같이 하잔다. 염치없이 윙윙거리며 우리 음식과 그 가족의 음식에, 이 사람과 저 사람 사이를 왔다 갔다 하며 놀래키기도 하고 웃음짓게도 하는 바람에 국적도 모르는 낯선 사람들과의 서먹한 아침식사 분위기가 화기애애해졌다. 벌 한 마리가 오늘은 만국의 소통어가 되어 우릴 즐겁게 해주었다.

과일과 따끈한 커피로 아침을 마무리하고 간단히 설거지를 한 뒤 첫 외출을 하며 캠핑장 주위를 둘러보니 대학생인 듯한 젊은 남녀들, 어린 아이들을 데리고 온 가족들, 우리처럼 나이가 제법 들어보이는 부부…. 다양한 국적의 다양한 사람들이다.

레이캬비크 캠핑장의 아침 _ 2016.07

기린과 산다람쥐 _ 2016.07

드디어 레이캬비크 시내로 출발한다. 맑은 햇살에 바람이 살랑이는 청명한 날씨지만 가벼운 여름옷을 입고 혹시 추울까 싶어 바람막이 점퍼와 머플러를 챙겼다. 휴대전화 3G도, 자동차 네비도, 백기어도 이제 제대로 작동되니 아무 문제 없다. 신고식을 톡톡히 치렀으니 이제부턴 만사형통 하리라. 캠핑장 입구를 돌아나오며 손바닥만한 크기의 캠프장 안내 표지판을 보는 순간 지난 밤 헤맸던 기억이 떠올라 쓴웃음을 지었다.

레이캬비크 캠핑장 간판 _ 2016.07

레이캬비크 시내 초입에 위치한 캠핑장을 돌아 나오자 바로 우측으로 바다 같은 커다란 호수가 보인다. 도로 주차장에 차를 세워 두고 걷기로 했다. 우리처럼 대부분의 관광객들도 걸어서 산책을 하고 있다. 우리가 걷는 방향 우측 호수 너머 수평선에 거짓말인 듯 만년설 덮인 설산이 보인다. 마치 가을 날씨 같아 청명하지만 걷다 보니 쌀쌀하여 가방에 넣어 온 스카프를 목에 두르고 점퍼도 입었다.

왼쪽으로 보이는 시내는 소박하면서도 간결하게 단순하다. 높은 빌딩이 거의 없고 건물들이 낮아 밋밋해 보이기까지 한다.

흰 구름이 떠 있는 파란 잉크빛 하늘을 배경으로 바이킹의 후예의 표시인, 썬 보야져라는 이름의 철로 된 배 구조물이 보인다. 앳된 여학생이 혼자 구조물 앞 계단에 앉아 노트에 메모를 하고 있다. 품에 안고 온 '기린과 다람쥐'를 썬 보야져에 올려 놓고 청명한 하늘과 호수 저 멀리 수평선을 배경으로 사진을 찍었다.

썬 보야져를 조금 지나 '하루파'를 만난다. 유리로 된 커다란 벌집모양의 건축물. 걸어오는 동안 추위를 느낀 몸을 녹일 겸 1층 카페에서 커피를 한 잔 하며 앉아 있는데 카페 통유리로 건축물 앞 돌 의자에 앉아 휴식을 즐기는, 여행객으로 보이는 노부부의 뒷모습이 보인다. 참 예쁘다.

샵에 들러 얇고 따뜻해 보이는 비니 모자를 하나 사서 썼다. 혹시 몰라 비니 모자 몇 개를 가져왔는데 이 모자와도 역시 이곳에선 내내 친해져야 할 것 같다. 여름철에 털모자와 장갑, 목도리, 겨울용 숄을 팔고 있는 것을 보니 이곳 날씨가 어떨지 짐작이 간다.

1층과 2층, 2층과 3층을 연결하는 계단은 건물 한 면을 완만하게 오르게 되어 있고 특이하게도, 중간중간 쉴 수 있는 소파와 의자를 마련해 두어 계단 자체가 바깥 경치를 구경하며 쉴 수 있는 카페 구실을 해 주었다. 팔걸이 없는 소파에 누워 잠시 쉬기도 하며 3층까지 올라 천장으로 이어지는 벌집 문양의 커다란 기하학적 선의 아름다움을 감상하였다.

밖으로 나와 건물 주위를 한 바퀴 도는데 물가 바람이라 그런지 제법 쌀쌀하여 건물을 배경으로 사진을 찍고 얼른 주차장으로 돌아가 차를 타고 시내로 들어갔다.

썬 보야져 철 구조물(바이킹 배) _ 2016.07

하루파 _ 2016.07

시내에 들어서자 레이캬비크의 상징물과도 같은 할그림스키르캬 교회가 바로 모습을 나타낸다. 시내 중심과 광장에서 살짝 오르막 언덕길을 오르다보면 보이기 시작하는데 한창 관광 시즌이라 사람들이 제법 붐빈다. 길거리 주차를 해놓고 천천히 걸으며 우리도 그들과 하나 되어 교회를 맞는다.

도로 차량이 한적하여 가끔씩 지나가는 차를 피하며 인도와 차도를 왔다 갔다 호기심에 눈을 반짝이며 기념품점과 카페, 레스토랑, 그리고 지나는 사람들의 표정까지 구경하느라 정신이 없다.

그러는 사이 벌써 남편은 카메라를 꺼내 들고 점점 선명하게 다가오는 교회사진 찍기에 바쁘다. 교회가 가까워질수록 사람들이 더 붐비고 발걸음이 바빠지고 거리는 활기차다. 오르고 내리는 사람들 모두 마치 이곳에 온 신고식이라도 치르는 듯, 무슨 커다란 의식을 치르는 듯 저 교회를 만나고 오는 듯하다.

천천히 조금씩 눈 앞에 다가서는 교회를 마주하며 몇 번이고 멈춰 서서 사진을 찍었다. 흰 외벽에 주상 절리를 모방한 높은 기둥 모양의, 지금까지 보지 못한 독특한 건축물, 단순하면서도 기품 있는 세련된 모습이다.

'아, 아이슬란드가 바로 저런 느낌이겠구나. 우리 인간이 특별히 기교를 부리지 않아도 그 자체로 우리 마음을 이끄는 그 무엇이 있는 것처럼 아이슬란드도 저 교회 건물처럼 단순함과 원시적인 마력으로 우리 마음을 붙들겠구나.'

시내 중심가에서 할그림스키르캬 교회로 오르는 길_ 2016.07

정오를 지나 살짝 기울기 시작하는 햇살 그림자로 인해 교회 기둥모양이 더 짙어지고 있었다. 7월, 8월 매일 (평일, 토요일은 12시에서 12시 40분, 일요일은 오후 5시에서 5시 40분) 교회 안에서 파이프 오르간 콘서트가 열리는데 우리가 간 시간이 마침 콘서트를 막 시작한 시간이기 때문에 콘서트 끝날 때까지는 들어갈 수가 없어 탑에 올라가 레이캬비크 시내 전망을 먼저 구경했다. 엘리베이터를 타고 올라가자, 흰구름이 피어오르는 하늘 아래 수평선 아스라이 설산이 보이는 파란 호수를 배경으로 레이캬비크 시내가 예쁘게 드러났다. 흰 벽에 빨강, 파랑, 초록, 연두, 하늘, 회색 지붕들…. 어딘가 조금만 높은 곳에 올라서도 보이던 어마어마한 빌딩과 아파트 건물에 익숙한 내 눈에는 마치 동화 속 나라 같은 풍경이었다. 푸른 하늘과 흰구름, 맑은 호수와 수평선, 설산 그리고 그림 같은 도시 건물의 아름다운 조화와 전망대에서 맞는 상쾌한 바람은 내 마음을 벌써 뻥 뚫리게 하고 말았다.

'역시 이곳에 오길 참 잘했어.'

레이캬비크 시내 _ 32cmx 48cm _ 2016.07

교회 안은 외관만큼이나 단순하다. 별다른 기교 없는 타원의 높은 천정과 창문의 선이 단순해서 아름답다. 들어오는 입구 벽면 파이프 오르간에 맑은 햇살이 들어와 더욱 경건하고 평화로워 보인다. 입구에 비치된 콘서트 안내책자 일정대로라면 일주를 끝내고 돌아와 파이프 오르간 콘서트에 올 수 있겠구나 싶다. 아름다운 교회에서 파이프 오르간 연주를 들으면 얼마나 근사할까 상상하면서 교회를 나오니 아까보다는 해가 더 기울어 기둥들의 음양이 훨씬 선명하다. 교회가 잘 나오게 삼각대로 자리를 잡고 멋진 기념 사진을 남기고 교회를 내려왔다.

할그림스키르캬 파이프 오르간 _ 32cmx 48cm _ 2016.07

할그림스키르캬 교회 외부 _ 71cm x 48cm _ 2016.07

시내 카페 1 _ 32cmx 48cm _ 2016.07

시내 거리는 두 시가 넘으니 햇빛이 쨍쨍하여 한여름 날씨인데도 다행히 습하지 않고 건조하여 그늘에 들어가면 시원하다. 아침의 싸늘하던 기운은 온데간데 없이 사라지고 따가운 햇살에 그늘을 찾을 만한데도 사람들은 거리 카페에 나앉아 해바라기 마냥 해를 즐기고 있다.

시청 앞 작은 공원을 지나던 우리도 사람들이 많이 모여 앉은 카페에 들어가 점심 겸해서 맥주와 감자칩을 주문하고 앉았다. 우리도 이제는 가장 가벼운 옷차림이다. 지난 밤 공항에 내렸을 때부터 아침 지나 지금 오후까지 봄, 여름, 가을, 겨울 네 계절을 다 겪고 있는 셈이다.

시원한 맥주에 푸짐한 감자튀김을 안주 삼아 먹으며 앉아 있으니 이제서야 아이슬란드 품에 안긴 듯 편안함이 느껴진다. 지난 밤 에피소드가 생각나 서로 마주보며 피식 웃었다. 이곳에 오기 전 읽었던 '세상의 모든 고독 아이슬란드'를 떠올리니 지금 이 한여름의 아이슬란드 모습은 고독과는 거리가 멀어 보인다. 거리는 사람들로 가득하고 활기에 넘쳐있으며 햇살은 화사하다. 사람들은 끊임없이 웃고 떠들며 대화는 끊일 줄 모른다. 그런 겨울의 고독이 있기에 이 여름, 이곳이 이렇게 생기 있고 화사하지 않을까? 이후, 자연스럽게 여행 내내 곳곳의 겨울 모습을 상상하는 버릇이 생겼다.

여행 일정을 다시 훑어보기도 하고 오가는 사람들을 구경하면서 한가한 오후 시간을 즐겼다. 이곳을 찾은 사람들은 대체로 중년부부가 많고 둘 또는 셋 어린 아이들을 데리고 함께하는 가족들이 많이 눈에 띈다. 나와 사선으로 앉아있던 빨간 테이블의 가족도 젊은 부부에 네 댓 살 정도의 남자 아이 하나였는데, 그 모습이 예쁘고 자연스럽다.

이후 캠핑장 곳곳에서 어린 아이들과 함께하는 부부들을 흔하게 볼 수 있었다.

"아이들이 아직 어려서 여행은 꿈도 못 꾸어요."

이 말에 대부분 전적으로 공감하며 살아왔는데 과연 그런가 다시금 생각하게 된다.

시내 카페 2 _ 32cmx 48cm _ 2016.07

레이캬비크 캠핑장 _ 158cmx105cm _ 2016.07

레이캬비크 시내는 일주 후에 다시 둘러보기로 하고 오늘은 조금 일찍 숙소로 들어가 저녁을 먹고 쉬기로 했다. 광장 앞 사거리 마트는 규모는 작지만 식료품은 갖가지 다 갖추어져 있다. 바비큐 양념된 양고기, 감자, 양파, 호박, 통마늘, 버섯, 사과와 토마토, 양상추, 파프리카, 그리고 훈제연어와 물을 사서 차에 싣고 캠핑장으로 돌아왔다.

시내와 캠핑장은 불과 10분거리다. (뉴질랜드는 오클랜드와 몇 군데 도시에 도심 한가운데 캠핑장이 있었는데, 이 곳은 거의 모든 캠핑장이 도심 또는 마을 초입이나 중간에 있다.) 일곱 시경인데도 아직 해가 지지 않아 대낮처럼 밝다. 텐트 앞 잔디밭에서 테이블과 의자를 내놓고 밥을 짓고 된장찌개를 끓이고 양고기를 굽고 야채와 네덜란드 치즈를 얹은 연어 샐러드에 김치, 그리고 몇 가지 장아찌를 내놓으니 진수성찬이다. 거기에 팩소주로 아이슬란드 여행 첫날을 기념하며 건배를 하니 세상 부러울 것이 없다.

조금 쌀쌀해져 덧옷을 꺼내 걸치고 무릎 담요를 덮은 채 저녁을 먹는 사이 그제서야 서서히 해가 가라앉기 시작하더니 기우는 햇살을 받아 밝은 연두색으로 선명하던 잔디가 어둑어둑해진다. 서쪽 하늘은 황금 노을을 배경으로 푸른 하늘색에 흰구름이 퍼져 있어 참으로 아름답다.

저녁 뒷정리를 하고 따끈한 물로 샤워를 하니 피곤이 싹 사라진다. 40분 거리에 천혜의 온천인 블루라군이 있다는데 그래서인가 샤워 물에서 살짝 유황 냄새가 난다. 맛있는 저녁에 소주 한잔, 따끈한 샤워, 그리고 편안한 내 집까지 있으니 행복하다. 11시가 넘은 시각, 이제야 석양은 붉은 노을이다. 지난 밤 겪었던 추위와 악몽이 다시 떠올라 피식 웃으며 잠자리에 들었다.

레이캬비크 캠핑장 저녁 노을 _ 98cmx148cm _ 2016.07

레이캬비크 캠핑장 휴식 _ 32cmx48cm _ 2016.07

#03

7월 28일

골든써클_ 싱벨리어 국립공원 / 게이시르 / 굴포스 (굴포스 캠핑장)

아침 잠에서 깨어 텐트 밖에 나오니 어제만큼이나 맑고 푸른 하늘이다. 기분이 상쾌하다. 금세 신발을 젖게 하는 잔디의 아침 이슬이 싫지 않다. 텐트 앞 잔디에 식탁과 의자를 내 놓고 아침 식사를 했다. 암스텔담에서 사온 고다 치즈, 터키 햄, 토마토, 양상추를 곁들인 샌드위치에 삶은 계란, 그리고 후식으로 사과를 먹는 사이 맑은 햇살에 바람이 살랑살랑 불어 잔디와 텐트의 이슬이 벌써 걷히기 시작한다. 열어 놓은 차 문에 밤새 눅눅해진 침낭을 걸쳐 놓으니 금세 마른다. 뽀송뽀송 기분이 좋다.

어제 저녁, 양고기 구이에 연어 샐러드, 누룽지 등 우리가 성찬을 차려 먹을 때, 우리 텐트 바로 옆에 손바닥만한 텐트를 쳐 놓고 잔디밭에 앉아 요플레로 저녁을 때우고 팔베개하고 같이 누워 하늘 보며 내내 이야기 꽃을 피우던 프랑스인 커플은 오늘 아침도 먹는지 마는지 내내 서로 얼굴 보며 이야기 꽃을 피운다. 프랑스어 그 자체가 시라고 하던가. 아침잠에서 깰 때부터 소근소근 들려오던 저들의 언어는 참으로 감미롭고 듣기 좋다. 얼굴만 바라봐도 저리 좋으니 안 먹어도 세상 살만할 것 같다. 저들을 보고 있자니 예까지 와서 고기에 김치에 후식까지 바리바리 챙겨먹는 우리가 더 이상하고 낯설다.

"나도 담엔 저리 간단히 해 봐야지. 구질구질 먹는 것 다 던져 버리고 샌드위치, 요플레나 먹으면서 연애하듯 누워 밤하늘의 별을 세며 사랑을 노래해야지."

그랬더니 남편이 그건 안될 말이란다. 쯧쯧….

이슬이 마르고 햇살도 제법 뜨거워지기 시작한다. 이제 떠날 자와 남는 자가 확연히 구분이 되는 시간이다. 분주히 떠날 채비를 하기도 하고 벌써 떠나는 팀도 있다. 남는 자의 여유로움이 잠시 부럽기도 했지만 아이슬란드의 속살을 얼른 보고 싶은 마음에 우리도 떠날 채비를 서둘렀다.

아침에 넉넉히 삶아 놓았던 계란, 사과와 방울 토마토, 바나나를 간식으로 챙겨 레이캬비크를 떠났다. 점심은 식빵에 딸기잼과 땅콩 잼으로 때우기로 하고.

처음 도착지라 그런지 매우 인상적인 곳, 밤새 찾아 헤맸던, 우리를 참으로 애타게 했던 곳, 레이캬비크. 우리가 계획한 일정대로라면 일주 여행을 끝내고 돌아와 다시 이틀을 더 머물 수 있으리라 생각하니 마치 여행을 가기 위해 집을 떠나는 기분이다.

처음 목적지는 싱벨리어. 이제 드디어 아이슬란드의 대자연을 만나게 되는 것이다. 레이캬비크 도시 자체가 호수와 바로 접해 있고 설산을 조망할 수 있는 곳이기도 하고, 도심에서 이틀을 캠핑을 했기 때문에 이미 여행은 시작된 것이기는 했다.

싱벨리어 국립공원 가는 길 1 _ 27cmx40cm _ 2016.07

도심을 벗어나자마자 너른 평야와 들판, 지평선에 눈길이 닿는다. 뉴질랜드에서 맞던 그 대자연-큰 나무는 없고, 춥고 오랜 겨울을 견딘, 땅에 최소한의 모습으로 존재하는 식물들-이다. 낯익은 풍경이면서 뉴질랜드 보다는 이곳이 좀 더 원시적인 느낌이다.

싱벨리어 국립공원 가는 길 2 _ 27cmx40cm _ 2016.07

앞으로 마주하게 될 아이슬란드의 모습에 가슴이 설렌다. 끝없이 넓은 초지에 하얗고 둥근 덩어리들은 대체 뭘까 했는데 자세히 보니 양 등의 가축들이 겨울 동안 먹을 양식인 건초 덩어리다. 어제 레이캬비크 호수 산책길에 오른쪽 저 멀리 초지에 점점이 하얗게 보이던 것들이다. (일주 내내 초지에서 풀 뜯는 양과 말, 소, 그리고 저 건초 덩어리를 수도 없이 볼 수 있다.)

끝없는 지평선에 잠시 마음을 뺏기고 있는 사이 왼쪽으로 큰 언덕 모양의 산이 나타나 도로 옆에 차를 세웠다. 맘이 들떠 흥분해 몇 장의 사진을 연거푸 찍는 나에게 남편이 잔소리를 한다. 이제 시작인데 시간을 지체할 수 없으니 서둘러야 한단다.

겨울 준비(건초 더미) _ 27cmx40cm _ 2016.07

'아, 이곳에 오길 잘했어.'

가슴이 뻥 뚫린다.

끝없이 푸르고 넓은 토지, 평화롭게 풀을 뜯는 양과 말들. 잘 정비된 2차선 도로에 차량도 한적하여 그냥 이대로의 경치를 즐기며 드라이브하는 것만으로도 충분히 행복하다.

'세상의 모든 고독 아이슬란드'에서 겨울 아이슬란드를 읽으며 여름 모습을 상상했었는데, 이제는 여름을 직접 경험하며 저기 저 평원이, 들판이 끝없는 눈으로 덮여 무(無)가 되어 있을 아이슬란드의 겨울을 상상해 본다.

360도 온통 사방이 지평선으로, 파노라마로 펼쳐진 곳을 달리다 오른쪽에 큰 호수가 나타나 차를 세운다. (경치를 조망하기 좋은 곳 몇 미터 전방에 나무와 의자 그림의 쉼터 표지가 있다.)

11시, 날씨가 맑은데도 바람이 제법 차가워 점퍼를 입고 내렸다. 저 멀리 호수와 산 너머가 싱벨리어 국립공원이다. 도로 옆에 서서 보니 사방이 지평선인데 원지름인 듯 우리가 가야 할 도로가 부드럽고 매끄럽게 S자 모양으로 쭈욱 뻗어 있다. 무심코 달리다 보면 도로의 지면이 지평선과 합치되는 때가 있어 신기하다. 눈을 들면 복잡한 도심의 빌딩에 시선이 머물곤 했는데 몇 시간을 달려도 시선이 그대로 지평선에 머무는 경험을 여러 번 한다.

처음 도착지 싱벨리어는 유네스코에 등재된 국립공원이다. 주차장이 만원이어서 들어오는 입구 도로변에 차를 세워놓고 날씨가 추워 비니 모자까지 챙겨 쓰고 입구 쪽으로 걸어가다 화장실 1인 200kr. 줄 서서 기다리는 것도 귀찮아서 그냥 포기하고 들어갔다가 결국 나오는 길에는 들러야만 했다. 들어갈 때 남편이 200kr. 나올 때 나와 남편 둘이 합하여 200kr+200kr. 도합 화장실 사용료만 600kr. 우리 돈 6천원이다. 세상에나, 입장료 안 받는다고 좋아했는데 대신 엄청 비싼 화장실 사용료를 내야했다.

입구로 들어서니 하늘과 맞닿은 야트막한 언덕에 사람들이 죽 늘어서 아래를 내려다보고 있다. 가까이 가 보니 발 밑의 돌이 쩍쩍 갈라져 있어 금방 지진이라도 지나간 듯한 모양을 하고 있다. 유라시아 대륙판과 아메리카 대륙판이 충돌하여 매년 1cm씩 벌어지고 있는 신기한 광경을 직접 눈으로 확인하며 사람들은 놀라움을 금치 못한다.

싱벨리어 국립공원 입구 _ 2016.07

싱벨리어 국립공원 뷰 포인트 _ 28cmx44cm _ 2016.07

유라시아 대륙판과 아메리카 대륙판을 동시에 밟고서... _ 28cmx44cm _ 2016.07

군데군데 작은 호수가 있는 언덕 아래 너른 평야에는 산책길이 여러 갈래로 이어져 있어 사람들이 유유히 걷고 있는 모습이 보인다. 그냥 산책코스로도 훌륭해 보인다.

왼쪽으로 나 있는 큰 도로로 접어드니 길 양쪽으로 병풍 같은 돌 바위가 마치 못난 돌들을 주워다가 층층이 쌓아 올린 듯 특이한 모양을 하고 있다. 우측 돌 바위가 낮아지고 아까 얕은 언덕에서 보았던 평야가 이어져 자연스럽게 산책길로 접어들었다.

시원한 바람, 따뜻한 햇살, 호수를 담고 있는 너른 평야, 몇 가지 코스로 되어 있는 산책길을 마음 가는 대로 골라 유유자적 거닐었다. 오랜만에 시골길 같은 흙 길을 걸으며 푸른 하늘과 흰구름이 담긴 갈라진 돌 틈 사이의 맑은 호수도 만나고, 작은 교회 앞 물가에서 사진 찍기 놀이도 하면서 시간 가는 줄 몰랐다.

연한 연두색의 이끼로 잔뜩 덮여 있는 중간중간 야트막한 언덕은 폭신폭신 쿠션이 좋아서 쉬는 동안 최고의 방석이 되어 주었다. 산책길을 되돌아 나올 때 우측으로 보이는 병풍 같은 돌 바위들은 신들이 돌담 쌓기 놀이를 한 듯 웅장한 모습을 하고 있다.

유난히 넓고 높아 보이는 푸른 하늘, 유유히 흐르는 흰구름, 맑고 투명한 물길이 보석처럼 나 있는, 지평선이 끝없이 펼쳐진 평원을 걸어 나오니 이곳이 내가 살고 있는 지구가 맞나 싶다. 뭔가 거창하고 특별한 광경과는 좀 다른 느낌이다. 이제껏 살면서 보지 못했던 놀라운 광경이라기보다는, 내가 익숙했던 광경들의 태초의 모습을 보는 느낌이랄까. 카메라 셔터를 연신 눌러보지만 참 아쉽게도 하나같이 졸작이다.

싱벨리어 국립공원 내부 _ 28cmx44cm _ 2016.07

싱벨리어 국립공원 내의 작은 교회 _ 28cmx44cm _ 2016.07

누군들 어찌 이 광경을 다 담아낼 수 있으랴. (여행 내내 포기하진 않았지만, 애써 담아보려 최선을 다했지만, 내 맘대로 되지않는 참 아쉬운 부분이었다.) 이 세상에서 가장 큰 물체는 눈동자라고 하던가.

'그래, 가장 훌륭한 카메라–눈동자에 맘껏 담아가야지.'

입구로 나와 카페에 들러 따끈한 커피 한잔으로 살짝 추워진 몸을 녹이고 울며 겨자 먹기로 화장실을 들렀다. 카페에서 팔던 샌드위치가 500kr. 점심 한끼 값을 화장실 사용료로 낸 셈이다. 아무리 생각해도 좀 억울하다.

차에서 식빵에 딸기잼, 땅콩잼을 듬뿍 발라 샌드위치로 점심을 먹으며 게이시르로 이동한다. 게이시르가 가까워지자 길가 양 옆 군데군데에서 연기가 피어 오르고 약간의 유황 냄새가 풍긴다.

주차장 옆 건물은 게이시르 샵인데 'GEYSIR' 매장 (아이슬란드 옷 브랜드)과 기념품점이 있다. 레이캬비크 거리에서 보았던 'GEYSIR' 매장의 브랜드 명이 이 간헐천 이름에서 따온 것임을 이제야 깨닫는다. '불과 얼음의 나라'인 아이슬란드를 대표하는 이름일 거라는 짐작이 간다.

입구를 들어서자 수증기가 피어 오르는 실개천 모양의 온천 물이 흐르고 100여미터 앞에 사람들이 큰 원을 그리며 둘러서 있는 것이 보인다. 일본 큐슈의 온천지역과 느낌이 비슷하다 생각하며 실개천을 따라 올라가는데 갑자기 사람들의 탄성과 함께 물기둥이 솟구친다. 몇 초 잠깐 사이에 마치 신기루처럼 물보라를 일으키며, 중력을 맘껏 거슬러 위로 솟구치는 하얀 폭포. 그 모습과 소리에 압도되어 잠시 숨이 멎는 순간 물기둥도 거짓말처럼 사라져 버렸다.

'바로 저것이구나.'

발걸음을 서둘러 우리도 큰 원에 합세하여 카메라를 꺼내 셔터 누를 준비를 하고 기다렸다. 4~5분정도 기다리니 역시나 좀 전과 같은 소리와 모양으로 물기둥이 솟구치고 난 연신 카메라 셔터를 눌렀다. 처음에는 신기해서, 두 번째는 제대로 보려고, 세 번째는 이번엔 어떤 모습으로 솟구칠까 궁금해져서 지켜보는 사람 대부분이 쉽게 자리를 뜨지 못한다. 이번에는, 하고 잔뜩 기대하고 셔터 누를 준비를 하고 있는데 '피식' 바람 빠지는 소리를 내며 불발로 끝날 때도 있어 구경꾼들의 아쉬운 탄성과 웃음을 자아내기도 했다.

게이시르 분출 직전 _ 31cmx20cm _ 2016.07

좀 더 가까이 가서 보니 물웅덩이 같이 생긴 둥근 홀에 물이 이리저리 소용돌이 치고 있다. 잠시 숨죽여 지켜보는 사이 물 흐름이 좀 더 빨라지는가 싶더니 놀랍게도 서클렌즈 모양의 크고 투명한 반원의 초록 유리구슬이 물밑에서 불쑥 솟아오르다가 요란한 소리를 내며 하얀 물기둥으로 솟구쳤다. 경이로운 장관에 잠시 할 말을 잃는다. 대체 저 밑에서 어떤 일이 일어나고 있기에 이런 광경을 연출하는 걸까?

어른들은 물론 어린 아이들은 아빠의 목마에 태워져서 힘든 줄도 모르고 지켜보며, 순간 포착 사진을 확인하며 즐거워하는 모습을 뒤로 하고 야트막한 언덕을 오르다 보니 군데 군데 간헐천이 4~5개 더 있다. 신기하게도 몇 센티미터 떨어지지 않은 바로 이웃한 웅덩이인데 하나는 투명하고 다른 하나는 뿌연 우유 색으로 물색이 확연히 다르다.

게이시르 분출 _ 33cmx49cm _ 2016.07

시원한 바람을 맞으며 언덕에 올라서자 게이시르와 함께 너른 평야가 발밑에 내려다 보인다. 평지에서도 어딜 가나 거의 360도 지평선을 볼 수 있지만 언덕에서의 광경은 또 다른 느낌이다. 한 눈에 들어오는 대 평야를 배경으로 좀 전에 보았던 게이시르가 하얀 물기둥으로 간간이 솟구치는 모습이 조그마하게 보인다.

언덕 위 능선을 천천히 거니는 사람, 물기둥이 솟구치기를 기다려 카메라에 담는 사람, 돌 위에 걸터 앉아 시원한 바람과 햇살을 즐기는 연인들…. 자연의 모습도 사람도 참 편안한 곳이다. 어떤 커플은 아예 언덕에 배를 깔고 엎드려 다양한 각도로 게이시르를 카메라에 담으며, 서로 찍은 사진을 들여다 보며 깔깔거리고 즐거워한다. 산과 비슷한 모양의 언덕이긴 한데 나무라곤 한 그루도 볼 수 없고 무릎까지 오는 이름 모를 풀과 들꽃이 피어있는 언덕을 내려 오는 동안에도 게이시르는 여전히 하얀 물기둥을 뿜어낸다.

'GEYSIR' 매장과 기념품점을 둘러보다가 한쪽에 화장실이 보여 얼른 들렀다. 아까 싱벨리어 국립공원에서의 600kr가 생각이 나서다. 화장실이 보일 때마다 들르기로 했다. 이동거리가 있고 화장실을 찾기가 쉽지 않고 더 더군다나 싱벨리어에서처럼 사용료가 터무니없이 비쌀 경우를 대비해서.

(그 후 다행히도 화장실 사용료가 그렇게 비싼 곳은 없었다.)

게이시르 언덕 _ 27cmx39 _ 2016.07

여전히 푸른 하늘에 흰구름이 떠다니는 맑은 날인데도 조금 쌀쌀함이 느껴져 긴 팔 셔츠를 더 입고 바람막이 자켓을 걸치고 스카프를 목에 두르고 단단히 채비를 하고서야 굴포스로 향했다. 규모가 큰 폭포라 했으니 조만간 높은 계곡이 나타나겠지 했는데 주변은 영 그런 규모의 폭포가 나타날 분위기가 아니다. 이상하다 갸우뚱 하는 사이 어디선가 우렁찬 물소리가 들려오고 물보라가 이슬비처럼 날아온다. 땅이 꺼지며 만들어진 폭포라고나 할까? 굴포스는, 내가 서 있는 바로 앞 땅이 몇 십 미터 아래로 푹 꺼져 절벽이 생기고 넓고 완만하게 흐르던 계곡물이 모두 한 곳으로 모여 와락 쏟아져 내리는 형상을 하고 있다.

두 단으로 떨어지는 물줄기의 낙차가 제법 크고 물소리가 우렁차다. 석양 햇살에 만들어진 물보라 무지개가 폭포를 배경으로 아름답게 걸려 있다. 장관에 압도되어 물보라에 옷이 젖는 줄도 몰랐다. 폭포를 배경으로 인증 사진을 찍으려 했는데 물보라가 방해하는 바람에 폭포를 벗어난 평원의 산책길 위에서 찍어야 했다.

굴포스를 마지막으로 첫날의 일정을 마쳤지만 더 큰 숙제가 남아 있다. 숙소인 캠핑장을 찾아야 한다. 다행히 일곱 시인데도 아직 해가 있어 대낮같이 밝다. 한 두 시간 안에는 찾아야 하는데…. 예약 안 한 건 물론이고 어디쯤 있는지도 모르는 캠핑장을 찾으러 일단 굴포스를 벗어 나와 또 다시 끝도 없는 평원을 달리는 남편의 옆모습이 오히려 든든하다.

굴포스 _ 30cmx45cm _ 2016.07

"만약 못 찾으면 차에서 자면 되지 뭐."

여유를 부리는 남편이 오히려 참 좋다.

남편도 편안한 얼굴로 빙긋이 웃는다. 다행히, 굴포스를 벗어 나온 지 얼마 되지 않아 길 옆에 커다랗게 캠핑사이트 광고판이 보인다.

"야호!"

바로 우리가 찾던 멋진 캠핑장이다. 하마터면 지나칠 뻔 했는데 눈에 띄어 참 다행이다. 멀리 가지 않아도 되니 저녁 시간도 벌었고 여러모로 지금 우리에겐 반가운 곳이다.

드넓은 평원과 사방이 지평선인 곳, 잘 정돈된 푸른 잔디와 우주같은 하늘이 지붕인 곳. 우리 둘은 신이 나서 중간쯤 자리를 잡고 텐트를 쳤다. 우리 쪽은 주로 텐트를, 찻길 건너 쪽은 캠핑카들이 주로 자리를 잡았고, 캠핑장 바로 옆은 수십 마리의 말을 키우는 말 목장이다.

날씨는 맑고 좋은데도 바람이 조금 불어 텐트 안에서 저녁 준비를 했다. 가지고 온 된장으로 어제 레이캬비크에서 장 본 감자, 양파, 마늘을 넣고 된장찌개를 끓였다. 분명히 길다란 애호박도 샀는데 행방불명이라 호박은 생략했는데도 냄새와 맛이 기가 막히다.

굴포스 캠핑장 간판 _ 2016.07

굴포스 캠핑장 (렌터카와 텐트) _ 2016.07

밥을 지어 김, 김치, 소주를 곁들이니 훌륭한 저녁 밥상이 차려진다. 푸른 잔디에 서서히 노을이 지는 걸 보면서 된장찌개를 호호 불며 맛나게 저녁을 먹고 나서 캠핑장 리셉션을 겸하는 카페에 들러 맥주를 한 잔 했다. 탁 트인 평원과 지평선이 그대로 들어오는 실내는 젊고 경쾌한 음악이 흐르는 조금 들뜬 분위기에 젊은 친구들이 삼삼오오 모여 앉아 술잔을 기울이며 흥겹게 대화를 나누기도 하고, 저 쪽 편안한 소파에 앉아 독서를 즐기는 이들도 있다. 끝도 없이 펼쳐진 평원 한가운데 이런 곳이 존재한다니, 마치 사막 한 가운데서 신기루를 만나는 느낌이다.

시간이 지날수록 오히려 더 맑아지는 듯한 노을을 보며 술잔을 기울이다 보니 그 분위기에 취해 우리도 덩달아 젊어진다. 남편은 맥주를 마시다 말고 잠깐 바깥 풍경을 본다며 카메라를 들고 밖에 나간다. 그리고는 음악을 들으며 오랜만에 멍하니 앉아 있기를 한참을 했는데도 감감무소식이더니 바깥바람에 얼굴이 빨개져서 나타난다. 바람막이 점퍼를 걸쳤는데도 바깥은 제법 쌀쌀하단다. 카페 옆, 캠핑장 들어오는 입구 잔디 위에 커다란 직사각형의 덤블링이 있는데 그곳에서 덤블링을 하고 있는 모습을 한참을 찍었다며 보여준다. 잔디밭 바닥에 직사각형으로 납작하게 설치되어 있는 덤블링 위에서 아빠와 아이들이 신나게 튀어 오르며 노는 모습이 참 멋지고 예쁘다. 앉아서 찍었는지 덤블링을 하며 튀어 오르는 모습이 지평선 위에 떠 있어 마치 사람들이 하늘을 날고 있는 듯하다.

굴포스 캠핑장 카페 (오후 11시경) _ 2016.07

캠핑장 내 덤블링 _ 22cmx34cm _ 2016.07

밤 11시가 되어가는 시각에 밖은 아직 붉은 노을이 한창이고 아빠와 아이들은 깔깔거리며 하늘을 날고 있는 광경은 아무리 생각해도 비현실적이다.

카페 통 유리 문 앞에서 좀 전에 도착한 커플이 열심히 요리를 하고 있는 모습을 지켜보고 있는 사이 남편은 또 카메라를 들고 나가 바깥 풍경을 찍어와 사진을 보여주며 즐거워한다. 저렇게 해맑게 행복해 할 수 있다니! 카메라의 힘, 자연의 힘이다.

이제야 바깥은 제대로 된 붉은 노을이다. 출출하기도 하고 피자 냄새가 식욕을 자극해 두 조각을 시켜놓고 맛있게 먹고 있는데 어디선가 피아노 소리가 들려 돌아보니 젊은 아가씨가 친구들의 응원을 받으며 수줍게 연주를 하고 있다.

'피아노가 있었구나!'

덕분에 이런 근사한 곳에서 라이브 연주를 들을 수 있어서 행복했다. 뒤늦게 들어온 남편도 앵콜 연주를 들으며 즐거워한다.

국적과 성별과 나이는 달라도, 서로 언어로 소통하지 않아도 분위기와 음악으로, 자연을 온전히 즐기는 캠퍼로 하나가 됨을 느낀다. 불현듯 봉평, 아트 식구들이 생각난다. 6년 전, 전국 각지의 캠핑장을 떠돌다 우연히 알게 된 강원도 봉평면 소재의 붓꽃섬(아트 인 아일랜드)에서 성별, 나이, 직업과 무관하게 오로지 자연을 즐기는 캠퍼의 인연으로 만난 사람들, 60년 수령의 잣나무 숲 속 피톤치드의 청정함을 사랑하고 소소한 정나눔을 기꺼워하는 인간다움을 아는 사람들, 그리고 대대로 내려오는 산하를 고집스럽게 끌어 안아 가꾸어 그들을 공동체의 식구로 품어 주고, 흙의 소중함과 건강한 먹거리의 의미를 알게 해 준 박정희 사장님, 더불어 함께 하는 행복을 알게 해 준 그 분들(우리 막내 아들 사돈 내외와 장박 식구들)과 이 느낌을 꼭 함께 하고싶다.

박수와 환호에 수줍어 얼굴이 빨개지는 피아노 연주 아가씨가 참으로 사랑스럽다.

텐트로 걸어 오다 보니 모두 잠자리에 들었는지 주위가 고요하다. 최소화한 자그마한 텐트 앞에 자전거 두 대가 나란히 뉘어져 있다. 드라이브 중에 자전거족들이 심심찮게 보인다. 오토바이 족도, 아주 가끔은 히치하이커들도. 캠핑카는 가장 흔하게 볼 수 있는데 캠핑 방법은 가지각색이지만 이렇게 캠핑장에 모여 조건 없이 행복해 한다.

우리 텐트 바로 앞에서 오늘 마지막으로 마주친 머리가 희끗희끗한 노부부는 이제 막 세면을 마치고 와 잠자리를 준비하고 있다. 모두 편안하고 행복한 밤이다. 감히 외치고 싶다. 세상의 캠퍼들은 모두 행복하다!

자전거 캠핑 _ 2016.07

#04

7월 29일

셀랴란드포스 / 스코가포스와 마을 / (스코가 캠핑장)

아침, 맑은 날씨에 서늘한 바람이 분다. 잔디에 식탁과 의자를 내놓고 어제 저녁에 넉넉히 끓여 놓은 된장찌개에 남은 밥, 풋마늘, 장아찌, 김치를 곁들여 아침을 먹고 오렌지와 블루베리를 디저트로 하고 커피 한 잔 하며 느긋하게 아침 시간을 즐겼다.

오늘도 역시나 높고 푸른 하늘에 흰구름이 뭉게뭉게 떠 있는 맑은 날씨라 앉아서도 사방으로 시야가 지평선에 머문다. 우주 어느 곳 한가운데 있는 듯한 느낌이다. 몽골인들의 평균시력이 3.0이라는 얘기를 들은 적이 있다. 광활한 초원에서 생활하기 때문에 어려서부터 가까운 곳보다는 먼 곳을 보는 생활에 익숙해져 있고 녹색의 풀이나 나무가 눈의 피로를 덜어 주기 때문이라는데 한 가지 더, 늘 가슴이 뻥 뚫려 있어 시력뿐만 아니라 그들은 행복 지수도 높으리란 생각이 든다.

살랑살랑 기분 좋게 불어오는 바람에 이슬도 금새 사라져 텐트 걷기가 쾌적하고 수월하다. 카페에서 충전 완료된 전화기와 카메라를 들고 나오다 보니 캠핑장 입구에 어제 사진의 덤블링이 보인다. 그냥 지나칠 수 없어 맨발로 위에 올라 출렁여 보았다. 튀어 올라 균형을 잃고 주저 앉으니 또 튀어 오르고, 생각보다 안전하고 생각보다 훨씬 재미 있다. 잠깐인데도 운동량이 커서 땀이 난다. 운전석에서 기다리며 지켜보던 남편이 쯧쯧 혀를 찼지만 광활한 들판 한가운데서의 덤블링, 참 즐거웠다.

켈리드 호수 _ 28cmx44cm _ 2016.07

셀포스 가는 중간중간은 한라산 오름인 듯한 모양의 야트막한 언덕들이 군데군데 있는 지금까지와는 좀 다른 풍광이다. 쉼터 싸인이 눈에 띄어 호기심에 들러 본 곳, 케리드 호수. 화산 폭발로 생긴 분화구 호수다. 입장료는 400kr. 둘이니 800kr를 내야 하는데 잔돈이 500kr밖에 없어 5000kr을 냈더니 관리인이 자기도 잔돈이 없다고 웃으며 그냥 500kr만 받겠단다. 입장료는 무료인 대신에 화장실 사용료로 600kr를 써야 했던 싱벨리어를 생각하니 300kr에 공연히 기분이 좋아진다.

주변 풍광은 우리나라 한라산 백록담과 모양이 비슷하고 호수를 내려다보며 주위를 둘러 볼 수 있다. 가도가도 끝없을 것 같은 평원에서 느닷없이 이런 광경을 만날 수 있다니. 호수도 아름답지만 언덕 둘레 길을 걸으며 바라보는 풍광이 참으로 멋지다. 우리나라 추석 때쯤의 청명한 날씨. 바람, 구름, 하늘 그리고 너른 평원. 한 바퀴 돌고 아래 입구로 내려와 물가까지 내려갔다가 돌아왔다.

셀포스로 진입하는 왼편에 큰 마트가 보여 장을 보았다. 하루 정도 먹을 양식이 있긴 하지만 혹시 몰라 마트가 눈에 띌 때마다 조금씩 사서 보충해 두기로 했다.

셀랴란드 폭포 _ 32cmx49cm _ 2016.07

주차장에 주차된 차도 캠핑카가 여러 대 보이고, 계산하는 사람들의 구매물건이나 모습을 봐서는 손님들 대부분이 우리와 같은 캠핑 여행족이다. 금방 해 놓은 듯 따끈따끈한 돼지 바베큐를 사서 점심으로 맛있게 먹고 셀랴란드 포스를 향해 출발했다.

도로를 달리다 하얀 잔설이 덮여 있는 산을 배경으로 한 조그만 마을이 나타나 차를 세우고 사진을 찍는다. 하얀 외벽에 빨간 지붕, 산 위의 하얀 잔설, 바로 길가 옆 푸른 초지에 소들이 유유히 풀을 뜯고 있는 광경이 조화를 이루어 한 폭의 그림이다. 이곳에 오기 전에는 땅은 넓고 인구는 적으니 쓸모 없이 버려진 땅도 많고 황량하겠구나 생각했는데 그와는 반대로 오히려 생기가 넘쳐난다.

푸른 초지에는 물길이 넉넉히 나 있어 촉촉하고, 그곳엔 띄엄띄엄 통통하게 살이 오른 양, 소, 말들이 한가로이 풀을 뜯거나 앉아 있고, 하얗고 둥근 건초 뭉치가 마치 하얀 조약돌처럼 놓여 있는 들판에 농부들이 트랙터로 베어 놓은 건초들이 햇살에 말라 가는 풍경, 빨간 지붕의 농가…. 이런 풍광이 연속되다가도 언제 그랬냐는 듯 거짓말처럼 전혀 새로운 풍광이 나타나 눈이 휘둥그레진다. 내가 살고 있는 지구가 맞나 싶다. 도로가 한적하여 차를 멈추고 창문을 열어 사진을 찍어 보기도 하고, 차를 세우고 잠시 내려서 찍어 보기도 하지만 역시나 내 눈만큼은 담을 수가 없어 아쉽다.

셀랴란드 포스 입구에 다다르니 사람들이 바글바글하다. 사람이 하나도 없는 끝도 없는 너른 평원을 달려 왔는데 이렇게 많은 사람을 만나게 되다니. 셀랴란드 포스는 어제 보았던 굴포스와는 모양새가 다르다.

셀랴란드 폭포 뒷면 _ 31cmx46cm _ 2016.07

멀리서 봐도 폭포다. 높은 계곡에서 길게 떨어지는 하얀 폭포. 입구 들어오다 보니 커플 중 남자가 나무 벤치에 올라가 멀리 조그마하게 보이는 폭포에 맥주병을 거꾸로 대고 쏟아 붓는 구도로 재미있는 사진을 찍고 있다.

흔하게 볼 수 있는 폭포려니 했는데 가까이 가 보니 그렇지가 않다. 대여섯 개의 물줄기가 하나로 합쳐 흘러내리는 폭포의 후면을 돌아 나올 수 있게 길이 나 있다. 물보라를 시원하게 맞으며 폭포 오른쪽 야트막한 언덕을 올라 폭포 뒤로 들어서니 마치 동굴을 들어온 듯 한기가 느껴지고 바로 왼쪽으로 물줄기가 거세다. 폭포야 많이 봐왔지만 이렇게 폭포 뒷면을 보기는 처음이다.

중간까지 들어와 보니 흰구름이 떠 있는 푸른 하늘을 배경으로 쏟아져 내리는 물줄기가 역광의 해를 받아 마치 흰 망사 커튼을 쳐 놓은 듯하다.

바람에 살랑이는 하얀 망사 커튼. 폭포 정면의 모습이 남성적이라면 뒷면은 지극히 우아하고 여성적인 모습이다. 뜻하지 않게 힘 있고 웅장하고 박력 넘치는 폭포의 부드러운 이면을 보고 나니 마치 보지 말아야 할 것을 살짝 엿본 느낌마저 든다.

폭포 오른쪽 정면으로 돌아 나와 이제는 큰 내를 이루며 바다로 흘러가는 물에 손을 담그며 잠시 쉬다가 스코가 포스로 향했다.

끝없이 계속 이어지는 평원의 오른쪽으로 바다 수평선이 나타난다. 도로가 해안에 가까워지고 있기 때문이다. 그리곤 나무 하나 없는 큰 언덕같이 생긴 산들이 띄엄띄엄 나타났다 사라지고, 왼쪽 저 멀리 빙하 덮인 산이 보이기 시작한다.

초지로 덮인 평원, 하얀 건초 덩어리, 소, 양, 말, 바다 수평선, 나무 하나 없는 원시적인 모습의 산, 저 멀리 보이는 빙하….

마치 종합 선물세트를 선물 받은 양 이 모든 풍광들을 한 눈에 보는 우리 가슴이 벅차다.

단순하게 선을 따라 굿듯 이어지는 도로를 따라 우리는 그저 달릴 뿐인데 자연은 우리에게 참으로 많은 것을 보여 주고 있다. 파티에 초대된 손님을 위해 다양한 메뉴를 준비한 파티 주인처럼…. 우린 그저 다양한 먹거리를 즐기는 행복한 유목민!

드라이브를 할 땐 으레 음악을 듣곤 했다. 잠시 눈을 붙이기도 하고. 그런데 며칠 째 음악을 듣지 않았다. 우리의 오감이 온통 이곳 풍광에 빠져버린 탓이다. 다양한 메뉴를 맛보느라 하루가 어떻게 지나가는지 모를 지경이다. 잠깐씩 노곤해질 때도 있지만 잠을 잘 수가 없다. 색다른 풍광을 지나치면 어쩌나 싶어서다. 눈으로 보고 지나치기 아깝다 싶으면 차를 세우고 살펴보고, 사진에 담고, 천천히 음미해 보고, 다시 달리고를 하루 종일 여러 번 반복한다. 이게 바로 자동차 여행의 참맛이야! ('세상의 모든 고속 아이슬란드'에서 글쓴이가, 해가 짧은 겨울이라 날이 금방 어두워지기 때문에 어두워진 후 숙소까지 달렸던 구간을 그 다음날 다시 되돌아 갔다 오곤 했는데, 그 이유를 이제야 알 것 같다.)

스코가 포스 입구에 들어서니 폭포보다 캠핑장이 우리를 먼저 맞는다. 잔디가 잘 가꾸어진 30여동의 텐트가 들어서 있는 캠핑장 저 너머에 기계에서 금방 뽑아져 내려오는 하얀 국숫발 같은 폭포가 보인다. 우린 벌써부터 신이 난다.

'오늘은 폭포를 바라보며 저녁을 먹고 노을을 보고, 폭포 소리를 들으며 잘 수 있겠구나.'

캠핑장 중간쯤, 폭포가 잘 보이는 쪽에 텐트를 쳐 놓으니 가슴이 설렌다.

저녁 무렵이긴 하지만 아직 해가 많이 남아 있어 폭포를 다녀오기로 했다. 셀랴란드 포스보다는 규모가 더 크고 웅장하다. 폭포의 높이만큼 폭포의 오른쪽 언덕을 올라 폭포의 시발점에서 떨어지는 물줄기를 보니 그 소리와 모양이 가히 위압적이기까지 하다.

계곡물이 한참을 달려오다 바로 발 밑에서 쏟아져 내리는 풍광에 정신을 팔고 있다가 고개를 들어 주변을 살펴보니 계곡을 따라 완만하게 트래킹 코스가 나 있어 길을 따라 걷기로 했다. 다행히 아직 해는 충분히 남아 있다. 우리와 같이 오르는 사람들도 있고 반대 방향에서 내려오는 사람들도 꽤 있는데 간단한 배낭에 트래킹화와 스틱까지 갖춘걸 보니 꽤 긴 트래킹 코스를 다녀오는가 보다.

길이 나 있는 코스 끝은 빙하가 하얀 모자처럼 덮여 있는 설산이다. 갑자기 몸이 가벼워지고 발이 근질거려 얼른 달려갔다 오고 싶은 욕구가 발동했지만 저 위 수증기를 뽀얗게 뿜고 있는 작은 폭포까지 다녀오기로 하고 천천히 걸었다.

스코가 캠핑장 1 _ 39cmx59cm _ 2016.07

스코가 캠핑장 2 _ 39cmx59cm _ 2016.07

스코가 포스 _ 26cmx40cm _ 2016.07

'크레바스처럼 쩍 갈라진 계곡 사이로 흐르는 물이 스코가 포스로 떨어져 저기 아스라이 보이는 수평선 끝, 바다로 흘러가는구나.'

야트막한 언덕에 올라 원류인 빙하와 폭포, 그리고 바다로 이어지는 물길을 한 눈에 바라보며 한참을 서 있었다.

푸른 잔디를 배경으로 낙하산처럼 울긋불긋 자리잡은 30여동의 텐트와 양들이 풀을 뜯고 있는 목장, 물길이 아스라이 흘러 들어가는 바다 수평선과 푸른 하늘의 흰구름을 보며 구름처럼 두둥실 떠다니는 내 마음을 지긋이 누르고, 이제 막 노을이 지기 시작하는 설산을 뒤로하고 언덕을 내려왔다.

저녁은 누룽지에 바비큐 양념이 된 소고기 구이, 연어 샐러드 그리고 소주 한 잔. 텐트 왼쪽으로 여전히 하얗게 쏟아지고 있는 폭포 줄기를 바라보며 먹는 저녁은 그 어느 멋진 레스토랑 음식보다 맛있고 훌륭했다.

간단히 설거지를 하고 샤워장을 다녀온 후 캠핑장 입구에 있는 호스텔 레스토랑에 들러 와인을 한 잔 했다. 아홉 시가 지났는데 이제서야 산 너머에 석양노을이 한창이다. 어쩜 노을 색깔이 저리 맑고 고울 수 있을까? 와인 한 잔을 홀짝이며 아까 보았던 빙하와 폭포와 그 물이 흘러 들어가던 바다가 한 눈에 들어오던 광경을 떠올려 보았다. 오늘 밤은 폭포 소리를 음악 삼아 웅장한 자연의 자장가를 들으며 잠자리에 든다.

스코가 캠핑장 3 _ 31cmx 47cm _ 2016.07

#05

7월 30일

레이니스피아라 / 디르홀레이 / 비크 스카프타펠 국립공원 / 스파르티포스

(스카프타펠 공원내 캠핑장)

눈을 뜨니 일곱 시다. 밤새 폭포소리를 하나도 못들은 걸 보니 꿀잠을 잤나 보다. 여전히 맑고 쾌청한 날씨. 식빵에 크림치즈, 터키 슬라이스 햄, 크랜베리 잼을 얹은 샌드위치에 사과와 요플레를 곁들여 간단히 아침을 먹고 7시 30분에 레이니스피아라로 출발했다.

차가 달리는 방향 왼쪽으로 불쑥불쑥 산과 비슷한 모양의 큰 언덕 너머로 언덕과 높이 차이가 별로 없어 보이는 아이스필드가 10여분 이상을 달렸는데도 끝없이 펼쳐진다.

"와 굉장히 큰 빙하네."

했더니 남편이 이 나라 전 국토의 17%가 빙하로 덮여있다고 말한다. 저 빙하가 녹아 계곡물을 흐르게 하고 거대한 폭포를 만들고 바다로 유유히 흘러 들어간다. 왼쪽엔 빙하, 오른쪽엔 바다를 보며 한참을 달려 레이니스피아라에 도착했다.

아이슬란드의 남쪽 해안가인 레이니스피아라는 검은 모래 검은 자갈로 이루어진 해안으로 해안 입구 절벽이 사각형 모양의 돌기둥인 주상 절리로 유명한 곳이다. 입구 레스토랑에서 커피 한 잔 해야지 했는데 문이 닫혀있다. 11시부터 오픈이란다.

좀 이른 시각이라 그런지 한적하고 해안가로 통하는 길은 이제 막 잠에서 깨어난 듯한 태초의 지구의 모습을 하고 있다. 화성이 이런 모습일까? 해안가는 Black Beach 말 그대로 온통 검은 모래와 검은 조약돌이다.

레이니스피아라 가는 길 _ 22cmx34cm _ 2016.07

블랙비치 해변 _ 27cmx40cm _ 2016.07

주상절리 (돌기둥) _ 29cmx44cm _ 2016.07

며칠 동안 끝없이 이어지는 평원과 지평선을 보다가 길게 펼쳐진 해안가에 서니 느낌이 새롭다. 시원한 바닷바람과 하얀 파도, 긴 해안선, 검은 모래와 조약돌에 맘을 뺏겨 잠시 거닐다가 뒤돌아 보니 마침 아침 햇살을 받아 음영이 지기 시작하는 돌기둥 모양의 주상 절리 절벽이 눈에 들어온다.

누군가가 부챗살을 잘 다듬어서 펼쳐놓은 듯한 모양이다. 할그림스키르캬 교회가 저 돌기둥 모양을 본 떠 지어졌다는데 분위기가 정말 비슷하다. 해안가로 조금 더 들어와서 다른 각도에서 보니 이번엔 영락없이 원시 부족 추장의 부채꼴 깃털 모자 모양을 하고 있다.

해안가를 걸어 작은 동굴이 있는 곳까지 다녀왔는데 발 밑에 사각거리는, 이제 막 물기가 걷히기 시작한 검은 조약돌이 동글동글 참으로 예쁘다. 하얀 등대가 있는 언덕 아래 긴 해안가 끝 우리가 가야 할 코끼리 바위가 조그마하게 보인다. 입구 쪽 주상 절리는 이제 햇살을 제대로 받아 각진 연필을 여러 개 세워놓은 모양의 직사각 기둥들이 더욱 선명하다. 시간이 조금 지나 사람들이 꽤 보이기 시작하는데도 레스토랑은 여전히 문이 닫혀 있다. 낮이 긴 백야를 지내야 하니 하루를 시작하는 시간도 이리 늦나 보다.

바닷바람에 약간 추워진 몸을 녹일 따뜻한 커피를 그리워하며 디르홀레이로 향한다. 블랙 비치를 나와 우측으로 넓은 빙하 덮인 산을 보며 둥글게 나 있는 길을 돌아 아까 블랙비치 끝자락에 보이던 등대 언덕을 오르는데 우리 같은 승용차로는 오르기가 쉽지 않다. 뒤따르는 RV차들도 쉽게 오르지 못하는 걸 보니 눈이 많이 내리는 겨울에는 이곳 방문이 쉽지 않을 듯 하다.

디르홀레이 언덕에 올라서서 보는 경치가 장관이다. 왼쪽으로는 좀 전에 다녀온 블랙비치가, 오른쪽으로는 해안선이 끝없이 펼쳐진다.

그리고 뒤로는 흰구름이 뭉게뭉게 피어오르는 푸른 하늘 아래 흰 빙하산이 그림처럼 선명하다. 노란 들꽃이 피어있는 언덕길을 따라 빨간 모자를 쓰고 있는 듯한 하얀 등대를 둘러보며 천천히 걷다가 코끼리 모양의 바위가 잘 보이는 곳으로 내려갔다. 거대한 코끼리가 코를 반쯤 바다에 담그고 있는 옆모습을 하고 있다.

코끼리 등이라 할 수 있는 완만한 언덕길을 트래킹 삼아 오르고 내려도 되지만 우린 다시 차를 타고 내려가 보기로 했다. 블랙 비치와 지금 우리가 있는 곳의 중간 지점이다.

디르홀레이 언덕 등대 _ 30cmx46cm _ 2016.07

디르홀레이 (코끼리 바위) _ 32cmx48cm _ 2016.07

주차를 하고 사람들이 줄지어 서 있는 해안가 언덕길을 따라가보니 해안 절벽에 서식하고 있는 퍼핀을 구경하고 있다. 기념품 점에서 하도 많이 봐서 익숙한 아틀란틱 퍼핀을 실제로 보니 참 예쁘게도 생겼다. 흰 배에 검은 날개, 주둥이와 발은 붉은 색으로 이곳에서만 서식하는 여름 철새라고 한다. 얼핏 보기엔 자그마한 펭귄같이 생겼는데 얼굴, 특히 부리의 색깔과 모양이 특이하게 멋지다. 아이들은 오종종 모여있는 퍼핀을 보며 무척 즐거워한다.

바다 위 널찍널찍한 큰 바위에는 사람들이 해바라기를 하며 누워 쉬기도 하고, 햇빛을 가릴 수 있는 조그만 낭떠러지 아래에서는 연인들이 도시락 점심을 먹고 있다.

높은 바위에 올라서니 한 쪽엔 아침에 보았던 블랙비치가 다른 한 쪽엔 좀 전에 보았던 코끼리바위 언덕의 빨간 모자 등대가 한 눈에 들어온다.

퍼핀 _ 63cmx95cm _ 2016.07

배가 출출했지만 서둘러 비크로 출발했다. 비크는 언덕에 예쁜 교회가 있는 블랙비치 너머의 조그마한 마을인데, 우리가 방금 차를 타고 넘어온 높은 언덕에 패러글라이딩이 둥둥 떠 있다. 차를 세우고 잠시 들렀던 가게 문에 붙어있는 패러글라이딩 광고모델은 놀랍게도 90세는 넘어 보이는 할머니다. 상반신을 클로즈업해 찍은 사진 속 할머니는 붉은 립스틱에 곱게 화장을 하고 멋진 선글라스를 쓰고 소녀처럼 활짝 웃으며 패러글라이딩 채비를 하고 금방이라도 하늘을 날 준비를 하고 있다. 참 사랑스러운 할머니다. 할머니의 당당한 모습에 순간 패러글라이딩 공포가 사라지며

'나도 할 수 있겠는걸, 나도 하늘을 날아봤으면….'

누군가가 하자 하면 아무 주저 없이 할 것 같은 자신감이 마구 생겼다.

마트에 들러 저녁거리를 사고, 마트 직원이 알려준 주류(리쿼스토어) 가게를 찾아 마을을 빙빙 돌았지만 찾을 수가 없어 포기해야만 했다. 가져온 팩소주도 좋지만 며칠 전부터 와인을 마시고 싶어 찾아 다녔는데 쉽게 눈에 띄지가 않는다. 뉴질랜드에서는 마트마다 주류를 팔고 있어 매일 와인 골라 마시는 재미가 쏠쏠했는데….

점심으로 빵과 삶은 계란, 사과를 먹으며 스카프타펠 국립 공원을 향해 출발했다. 끝없는 평원이 또 다시 나타나더니 이번에는 온통 초록의 낙원이다. 간간이 드리워진 야트막한 구름이 하늘의 구름과 조화를 이루어 아름답고 평화롭다.

조금 지나자 초원을 가득 채운 초록의 이름 모를 식물은 온통 보라색 꽃을 피우고 있다. 지구 태초의 모습을 연상케 하는 돌과 연두색 이끼, 양들이 풀을 뜯는 초원, 그리고 이번에는 보라색 꽃들…. 차를 달리는 내내 맛보는 다양한 풍광들에 정신을 차릴 수가 없다. 이번에는 어떤 풍광이 우릴 놀라게 할까? 궁금해서 한 눈 팔 사이가 없다.

아니나 다를까 왼쪽에 큰 구릉이 나타나더니 그 앞에 하얀 포말을 일으키는 폭포가 보여 차를 세웠다. 칼타 폭포다. 낙차는 크진 않지만 여러 번 굽이져 흐르는 물의 양이 꽤 큰 폭포다. 높은 계곡도 없는데 차도 바로 옆에 문득 나타난 이 물줄기는 대체 어디서 온 걸까? 서쪽으로 기울어진 햇살을 받아 물줄기가 하얗게 눈부시다. 저 멀리 보이는 지평선과 폭포가 맞닿아 있는 희한한 광경이다. 폭포 물소리에 놀랐는가 주변의 땅이 쩍쩍 갈라져 금방 지진이라도 일어난 듯하다.

차를 달리며 바나나와 과자를 간식으로 먹는 사이, 광활한 평원으로 이어지는 길가에 한 커플이 팔을 들어 엄지손가락을 치켜들고 서 있다. 히치하이커다. 커다란 배낭을 메고 서 있는 모양이 한참을 그러고 있었나 보다. 마음 같아서는 얼른 흔쾌히 태워주고 싶은데 우리 뒷좌석은 짐이 가득이어서 어쩔 수가 없다. 하루 종일 달리다 보면 서너 번씩 히치하이커들을 만나게 되는데 그냥 지나칠 때마다 미안한 마음이다. 자전거로, 때로는 오토바이로, 소형 또는 오프 로드용 제법 큰 차로, 캠핑카로 이 광활한 땅을 달려 보는 것도 멋진 일인데 도보로 걷다니, 저렇게 큰 배낭을 메고. 참 멋진 사람들이다. 몇 년 전부터 제주 올레길을 걸으면서 걷기 여행의 참맛을 그때 조금 알았다. 걸으면서 오롯이 온몸으로 느꼈던 자연의 기운…. 그 감동을 저들은 그대로 느끼고 있을 테지. 부러웠다.

달리다 보니 왼쪽 평원에 돌무더기(돌탑)가 수도 없이 보인다. 차를 세우고 조그맣게 난 길을 따라 들어가니 너른 평원이 온통 돌탑이다. 작고 큰 돌을 돌탑으로 쌓았는데 어찌나 깔끔하게 쌓았는지 주변 바닥에는 돌이 하나도 보이지 않는다. 영어로 되어 있는 설명을 다 이해할 수 없었지만 어떤 이유로 지나던 사람들이 하나씩 하나씩 쌓아 올린 듯하다.

길가의 돌탑 _ 31cmx47cm _ 2016.07

칼타 폭포 _ 31cmx47cm _ 2016.07

도로 위 자전거 _ 31cmx47cm _ 2016.07

이제 오늘의 목적지인 스카프타펠을 향해 부지런히 달린다. 왼쪽 멀리 보이던 빙하가 점점 가까워지고 끝도 없을 것 같은 평원을 또 달린다.

높은 산이나 언덕에 올라야만 볼 수 있는 파노라마를 하루 종일 보는데도 지루하지가 않다. 아무것도 없는 것 같은데 꽉 차 있다. 물, 풀, 양, 말, 소 언덕, 돌, 이끼 그리고 푸른 하늘, 흰 구름…. 단지, 인간이 만들어 놓은, 우리의 시야를 가리던 건물과 문명의 이기가 없을 뿐. 참 아이러니한 일이다. 우리 인간의 손으로 편리하게 살고자 만들어 놓은 문명의 산물인 도시를 우리는 답답해 하고 그 답답함을 덜고 비우기 위해 우린 또 자연을 찾는다.

자동차는 물론, 자전기도 마다하고, 두 발로 걸으며 자연과 함께 하는 이들이야말로 이곳을 가장 잘 여행하는 사람들이다. 며칠 사이 아무것도 없기도 하고 모든 것이 꽉 차 있기도 한 이곳에 익숙해져 도시로 돌아가면 오히려 어색할 것 같다는 생각이 든다. 시야를 가로막는, 너무나 많은 것들이 우리를 불편하게 할 것 같다. 또 다시, 겨울의 아이슬란드를 상상해 본다. 오로지 눈 세상인 아이슬란드. 뉴질랜드 여름과 겨울도 느낌이 다르겠지만 아이슬란드의 겨울은 지금 여름의 풍경과 하늘과 땅 차이겠지? 이름도 Iceland이잖은가?

도착한 스카프타펠 캠핑장은 우측 빙하산 아래에 널찍이 펼쳐져 있다. 6시 무렵 빙하 산이 잘 보이는 곳에 텐트를 쳐 놓고 할그림스키르캬 교회의 모티브가 되었다는 스파르티포스 주상 절리 폭포를 보러 떠난다. 이곳에서 1.6km 떨어져 있는 곳인데 키를 살짝 넘는 잡목이 우거진 언덕을 잠깐 오르니 우측으로 보이던 설산의 모습이 드러나고 저 멀리 평원 너머 바다 수평선이 보인다. 완만하게 이어지는 언덕 길가에 낮익은 들꽃이 피어 아기자기하다. 흰 들꽃이 한 무더기 피어 있어 설산을 배경으로 사진을 찍으며 오르나가 며칠 전 캠핑장에서 덤블링하던 이쁘의 아이들 가족과 마주쳤다. 대부분의 사람들이 일주 도로를 따라 도는 코스로 여행을 하기 때문에 일정이 비슷한 것 같다.

스카프타펠 국립공원 _ 135cmx203cm _ 2016.07

스파르티포스는 파이프오르간 모양의 주상 절리 가운데로 떨어지는 규모가 조그마한 폭포인데 폭포 시작점이 하늘과 닿아 있어 마치 하늘에서 물이 쏟아져 내리는 모양을 하고 있다. 그 광경을 바라보고 서 있으니 해질녘 조용한 산 속에 파이프 오르간 소리가 들릴 듯 하다. 내려오면서 보이는 빙하 덮인 산 아래 넓게 펼쳐진 캠프 사이트가 예쁘고 평화로워 보인다. 7~8개로 잘 정비되어 있는 바둑판 모양의 캠프 사이트는 지금까지 본 것 중에 규모가 가장 크다.

하얀 캠퍼밴과 크고 작은 애벌레 모양의 텐트들 사이로 우리 텐트가 얌전히 자리잡고 있는 모습을 보니 갑자기 허기가 져서 서둘러 내려와 양고기 양념스테이크를 얼른 구웠다.

석양 빛에 설산을 바라보며 양고기 스테이크에 소주 한 잔을 곁들이니 그야말로 꿀맛이다. 김과 김치, 소시지 구이, 참치 캔, 조금 타긴 했지만 흰 쌀밥, 저녁이 푸짐하다. 비크에서 와인을 못 사온 것이 못내 아쉽긴 하지만.

스파르티포스 _ 31cmx47cm _ 2016.07

스카프타펠 캠핑장 _ 31cmx47cm _ 2016.07

긴 그림자 _33cmx49cm _ 2016.07

오랜만에 저녁을 일찍 먹고 설산을 마주하고 커피를 마시며 느긋한 시간을 보내는 동안 기울어가는 석양에 텐트와 우리 그림자가 잔디밭에 유난히 길게 드리운다.

이제 막 도착한 커플은 꼼꼼히 텐트를 치더니 잔디에 보자기를 깔고 앉아 저녁 준비를 하고 있고, 아이들용 텐트를 따로 설치한 우리 옆 프랑스인 가족은 이제 막 식사를 하고 있다. 조금 떨어져 있는 잔디밭에서 아까부터 어린 아들의 공놀이 상대를 해주던 아빠는 지금은 부메랑 잡기 놀이를 하고 있다.

연인들과 소곤소곤 대화 나누는 소리, 엄마 아빠 부르는 소리, 아이들의 웃음 소리, 잔디밭에서의 저녁 식사, 즐겁게 뛰어 노는 아이들…. 석양에 더욱 선명한 연두 빛 잔디와 설산이 마치 영화 속 배경 같다.

보통은 호텔 숙박 여행도 아이들과 함께 하는 것은 힘들 거라 생각하는데 이 사람들은 이제 막 걸음마를 시작하는 아이들부터 중고등학생까지 가족 단위가 대부분이다. 심지어 유모차도 자주 보인다. 안고, 등에 지고, 목마 태우고 캠핑하는 모습이 자연스럽다. 그들과 눈을 맞추고 귀 기울여 들어주고, 놀아주고, 기다려주고, 무엇보다 감싸주고 사랑해준다. 그 모습들이 예뻐서 한참을 미소 지으며 물끄러미 바라보았다. 저 아이들이 백패커로, 진정한 캠퍼로, 자연과 교감하며 인성을 가꾸는 멋진 인간으로 커 가겠지.

우리는 어렸을 적 우리 아이들에게 좋은 부모였을까? 우리 아이들은 행복했을까?

모두가 행복에 겨운 저녁 시간, 우리 부부는 이런 저런 이야기를 나누었다. 우리 아이들이 어린 꼬마였을 때 했던 우리의 캠핑 모습을 아련히 떠올리며.

샤워장을 찾아 들어갔는데 더운 물이 안 나온다. 다시 나올 수도 없는 일이어서 어쩔 수 없이 찬 물로 샤워를 했는데 처음엔 소름이 돋았지만 하다 보니 견딜 만 했다. 덕분에 텐트 침낭 안에 들어가니 몸은 더 가뿐하다. 유료 샤워장이어서 코인을 넣어야 더운 물이 나오는 건데 돈을 안 넣어 찬물만 나온 걸까? 뒤늦게 해본 생각. 아마 그랬을 것 같다. 하하

링로드 동부해안 _ 31cmx47cm _ 2016.07

#06

7월 31일

바트나요쿨 빙하 / 요쿨살룬 빙하호수 / 호픈 (호픈 캠핑장)

텐트 문을 열면 바로 코 앞 설산을 마주보며 맞는 아침이다. 하얀 설산 위 잉크빛 푸른 하늘에 흰 구름이 두둥실 떠 있다. 조금 이른 시간인데도 아침 준비에, 떠날 채비에 주변이 바쁘다. 우리가 지금까지 경험한 일본, 뉴질랜드, 그리고 이곳 캠핑장은 잔디가 곱게 깔려 있어 먼지도 없이 깔끔하다. 캠프파이어를 할 수 없는 것이 아쉽기는 하지만.

여행 중 1박 또는 2박의 숙소 개념의 캠핑이라 규모를 최소화한 경우가 대부분이고 그래서 캠핑 자체를 즐기는 우리 캠핑문화와는 달리 소박하고 조용하다. 덕분에 매일 숙면을 취할 수 있다.

아침은 어제 저녁 먹다 남은 밥에 라면을 끓여서 먹었다. 라면의 효용성이야 두말 할 필요가 없지만 덧옷을 걸쳐야 하는 쌀쌀한 아침에 찬밥과 먹는 라면은 단연 최고이다.

요플레와 바나나를 후식으로 기분 좋게 아침을 먹고 텐트를 정리해 자동차에 실어놓고 바트라요쿨 빙하를 다녀오기로 했다. 왕복 1.6km의 제법 넓은 평지길이다. 어제 저녁에 다녀 온 스파르티포스는 캠핑장에서 왼쪽 언덕에 위치하고, 빙하는 텐트에서 오른쪽으로 바라보이는 설산 아래쪽이다. 키를 살짝 넘는 잡목들 사이로 난 흙길을 유유자적 걸으며 빙하가 보이기 시작하는 곳까지 오니 차가운 공기가 먼저 마중을 나온다. 어쩌지, 가방도 없이 달랑 카메라만 들고 가볍게 나왔는데.

바트나요쿨 빙하 가는 길 1 _ 46cmx69cm_ 2016.07

바트나요쿨 빙하 가는 길 2 _ 46cmx69cm _ 2016.07

그러고 보니 벌써 빙하를 다녀오는, 마주치는 사람들 옷 차림새가 한겨울이다. 비니 모자에 자켓, 장갑까지 착용했다. 그렇잖아도 출발 전 남편이 옷 입을 때, 더울 거니까 반팔에 얇은 점퍼 하나만 입으면 될 거라 했는데, 미안해서 점퍼 지퍼를 목까지 올려주고 후드를 머리에 덧씌워 주지만 바람이 더해져 이젠 오돌오돌 떤다. 공연히 미안해져서 조금 두꺼운 윈드 자켓을 입고 왔지만 나 역시 가슴을 파고드는 찬바람에 덜덜 떨면서도 춥다는 소리를 한 마디도 못한다. 추위에 아랑곳하지 않고 카메라에 열중해 주니 고맙기까지 하다.

멀리서 빙하를 볼 때는 하얗게 보였는데 코앞에서 빙하를 보니 마치 목탄화를 보는 듯하다. 빙하가 녹으며 바닥의 검은 흙먼지가 끼어서 그런가 싶다. 땅에 닿지 않은 중간 부분은 하얗고 투명하게 빙하 특유의 에메랄드 빛을 띠고 있다.

바트나요쿨 빙하 _ 33cmx49cm _ 2016.07

바트나요쿨 빙하호 _ 33cmx49cm _ 2016.07

거대한 아이스필드에서 떨어져 나와 빙하 밑 호수처럼 생긴 큰 웅덩이에 떠 있는 빙하 조각 사진을 찍고 있는데 우리보다 먼저 와 있던 부부가 다가와 유심히 보더니 커다란 망원렌즈를 선뜻 빌려주며 이걸로 찍어보라고 내준다. 망원렌즈를 차에 두고 와서 아쉬워하던 남편의 얼굴에 함박 미소가 가득이다. 우리보다는 좀 나이 있어 보이는 두 부부 모두 큰 카메라 가방을 메었으면서 이리 무겁고 큰 렌즈를 들고 다니다니. 몸처럼 아끼는 장비를 빌려주고 좋아라 하는 두 부부의 어린 아이 같은 천진한 얼굴이 인상적이다.

빙하를 배경으로 우리 인증 사진을 찍고 되돌아서니 그제서야 살을 에이는 추위가 조금 가신다. 손은 꽁꽁 얼었고 볼과 귀가 빨갛다. 온몸이 얼얼하다. 지금 서울은 35~6도를 넘는 유례없는 폭염이 이어진다는데…. 이 청정하고 시원한 공기를 마시고 느낄 수 있는 것만으로도 여름철 아이슬란드 여행은 충분한 이유와 가치가 있을 거란 생각이 든다. 할 수만 있다면 이곳의 시원한 바람과 공기를 한 보따리 싸서 보내주고 싶다.

이제 요쿨살룬을 향해 또 다시 지평선이 끝없는 도로를 달린다. 왼쪽으로 바트나요쿨 빙하가 길게 우리를 따라온다. 좀 전에 우리가 다녀온 빙하가 계속 이어지는 것이다. 전국토의 17%가 빙하라는 사실을 눈으로 보고 실감하고 있는 중이다. 아침에 삶은 계란을 간식으로 까먹으며 운전하는 남편이

"근데 이런 풍광을 어찌 말로 다 설명하지? 사진으로도 담을 수가 없으니…."

하고 혼잣말을 한다. 빙하를 빠져 나오는 길목에 히치하이커 한 명이 오래 전부터 거기에 서 있던 이정표처럼 의연하게 엄지를 치켜들고 서 있고, 푸른 목초지가 설산을 배경으로 펼쳐지며 저 멀리 바다 수평선에 빨간 지붕의 하얀 집들이 그림처럼 걸려 있다.

히치하이커 _ 46cmx69cm _ 2016.07

요쿨살룬 바로 직전 왼편으로 'fjallsarion' point 빙하 보트투어(Glacial Lagoon) 이정표가 보여 들어가 보았다. 45분간 보트를 타고 아이스필드 근처까지 가서 빙하를 보고 호수를 한 바퀴 돌아 나오는 투어가 있어 1시에 예약을 했는데 우리 포함 모두 일곱 명이다. 바람이 제법 차갑기도 하고 아침에 바트나요클 빙하를 보러 갔을 때 추위를 생각하며 우모복을 하나 더 입고 비니 모자까지 썼는데 거기에 오버사이즈의 빨간색 우주복을 입으라고 내준다. 졸지에 북극 탐험가 복장이 되고 말았는데 보트 투어 내내 이 옷이 바람을 막아주어 따뜻했다.

빙하투어 복장 _ 50cmX74cm _ 2016.07

야트막한 언덕을 내려가 요트에 오르니 가이드는 숙련된 솜씨로 빙하호를 멋지게 달린다. 투어 가이드의 말에 의하면 우리가 가고 있는 아이스필드가 몇 년 전 많은 눈이 내려 바로 옆 아이스필드와 하나로 이어진 적도 있다고 한다. 아침에 본 바트나요클 빙하와 다를 바가 없는데 보트로 커다란 빙하호를 한 바퀴 빙 돌며 아이스필드 근처까지 가서 빙하를 볼 수 있고, 호수에 떠 있는 유빙들을 가까이에서 구경할 수가 있다.

유빙들은 검은색, 흰색, 에메랄드색 등 다양한 색깔을 띄고 있고 모양도 가지각색이다. 아이스필드가 시작되는 곳에 가보니 빙하 규모가 어마어마하다. 마치 벌집 모양처럼 생긴 빙하가 수천, 수 만 개 빼곡하다. 멀리서 볼 때는 눈 쌓인 하얀 평원 같아 보였는데 가까이 보니 하나하나가 섬세한 조각작품이고 거대한 작품 전시장이다. 호수를 한 바퀴 돌아 나오는데 밝은 햇살에 에메랄드 빛 유빙의 속살이 형언할 수 없이 아름답다.

요쿨살룬 빙하 1 _ 25cmx38cm _ 2016.07

요쿨살룬 빙하 2 _ 27cmx41cm _ 2016.07

바트나요쿨 빙하호 _ 28cmx42cm _ 2016.07

천년 빙산 조각을 맛보다 _ 28cmx42cm _ 2016.07

보트 투어가 끝나고 우측 호숫가까지 걸어가 보기로 했다. 언덕에서 바라보는 아이스필드 풍광이 장관이다. 이름 그대로 'Ice land'다. 우측으로는 보트 투어를 하면서 보았던 유빙들이 크고 작은 산처럼 떠 있고 우리가 걷고 있는 호수 가장자리에는 그것보다는 작은 덩어리의 유빙들이 물살에 떠가고 있다.

작은 조각을 하나 집어서 건져 올리니 호수는 뿌연 석회물인데 얼음은 햇빛이 반사돼 투명하고 맑다. 손이 시려워 얼른 내려 놓았는데 지나던 커플이 조각 내서 먹던 얼음을 주기에 먹어 본다. 아주 달고 맛있다. 천년 빙산 조각의 맛이라니…. 귀한 생명수를 맛 본 느낌이다.

호수 가운데 덩치 큰 유빙들은 자리를 튼튼하게 잡아 흔들림이 없는데 호수 가장자리의 이미 작게 부서진 유빙들은 제법 빠른 물살에 유유히 떠내려가고 있다. 첨벙 소리가 나서 뒤돌아보니 빙하 덩어리가 물속으로 떨어져 내리고 있다. 아까 보트 투어 때 저 옆을 지나갔으면 위험했겠구나 생각이 든다.

호수 가장자리를 반 바퀴 돌아 나오며 구경하는 내내 서 있는 위치와 높이에 따라 변화무쌍한 풍광을 보여주어 쉽게 자리를 뜨지 못한다. 언덕 중간쯤에서 땅에 엎드려 뭔가를 한참 동안 찍고 있는 남편 옆에 가보니 키 작은 노란 꽃이 피어 있다. 잎과 줄기와 꽃이 같은 높이이다. 높이랄 것도 없이 바닥에 납짝궁 붙어 있다. 눈과 얼음의, 혹한의 오랜 겨울을 견디고 짧은 여름이 가기 전 서둘러서 핀 꽃. 최소한의 모습으로도 존재를 확실히 드러내는 노란 꽃이 너무 예쁘고 가엽기도 하여 나도 한참을 들여다 보았다.

야트막한 언덕에 올라서 뒤돌아보니 지금까지 보았던 모든 풍광이 한 눈에 들어온다. 흰 구름이 떠가는 푸른 하늘 아래 너른 아이스필드와 유빙을 담고 있는 호수. 몇 시간을 거닐었건만 떠나기가 아쉽다.

언덕을 내려오다 보니 중간쯤 주차장 못 미쳐 빨간 헬기가 얌전히 잠자리처럼 앉아 있다. 그냥 지나치려는데 두 청년이 앉아 있다가 손짓을 한다.

헬기투어 _ 32cmx48cm _ 2016.12

헬기 조종사라고 소개를 하는데 서너 명의 일행이 바로 우리 뒤를 따라 내려와 합류한다. 일행들은 뒤따라 하늘을 날아온 드론을 거둔다. 아까 호숫가를 걷고 있을 때 드론을 보았는데 이들이 날린 거였다.

'우리가 보트 타고 빙하 가까이 가서 사진을 찍을 때 이들은 드론을 날려 빙하 저 위 모습까지 찍어 온 게로구나.'

사진을 좀 보여 달라 했더니 동영상 촬영을 했단다. 그리고는 시동을 걸고 손을 흔들며 저 산 너머로 날아가 버린다.

걷기, 자전거와 오토바이, 자동차, 캠핑카, 그리고 헬기….

이 나라는 풍광도 정말 다양하지만 여행하는 방법도 참으로 다양하다.

빙하투어의 흥분이 채 가라앉지도 않았는데 얼마 가지 않아 왼쪽으로 요쿨살룬이 나타난다. 왼쪽은 집채만한 유빙들이 산 모양으로 떠 있는 기다란 빙하호이고 오른쪽은 잘게 부서진 유빙들이 흘러 오다가 폭이 넓은 바다로 떠내려 가고 있다.

우리 차는 왼쪽과 오른쪽을 가르는 다리를 건넌다. 빙하호가 넓은 빙하천이 되어 바다로 흘러 드는 길목마다 다리가 있는데 차로가 1차선으로 좁아지기 때문에 그때 그때 쌍방이 차 흐름을 파악해서 먼저 건너던가 기다려주어야 한다. 거대한 아이스필드와 빙하호, 그리고 유빙들이 저기 보이는 바다로 흘러 들어가는 것을 한 눈에 볼 수 있는 신기한 광경을 넋을 놓고 보았다.

바트나 요쿨빙하가 상류라면 요쿨살룬은 바다와 인접한 하류여서 빙하의 모습이 사뭇 다르다. 보트를 타고 아이스필드 가까이 가서 벌집모양의 거대한 빙하 언덕을 보았으니 이곳에서는 거기서 떠내려온 다양한 빙하를 보기 위해 수륙 양용의 배를 타기로 했다.

요쿨살룬 투어보트(수륙 양용) _ 32cmx48cm _ 2016.12

요쿨살룬 빙하호의 빙산 _ 30cmx45cm _ 2016.07

천년 얼음 조각을 들다 _ 27cmx41cm _ 2016.07

양쪽으로 마주 앉을 수 있는 버스를 탔다고 생각했는데 호숫가에 이르니 그대로 물살을 헤치는 배가 된다. 다양한 색깔과 모양의 유빙들을 구경하는 사이 보트를 타고 아이스 맨이 나타나 유빙 한 덩어리를 우리가 탄 배에 건네주고 떠난다. 마치 예술작품 같은 얼음조각을 받아 들고 사람들이 장난스런 표정을 지으며 사진을 찍는다. 차가운 얼음 조각에 손이 시려워 난감해 하면서도 모두 행복한 얼굴이다.

배에서 내려 빙하호 앞 작고 야트막한 언덕에 오르니 커다란 빙하호가 한 눈에 보인다. 크고 하얀 얼음 덩어리 안에 에메랄드 색 조명 등을 켠 듯 저마다의 모양과 색깔로 아름다움을 자랑하고 있다. 빙하 만물상이다. 지금 발 아래 펼쳐진 비현실적인 광경을 말로 다 표현할 수도, 카메라에 다 담을 수도 없어서 나도 신선이 된 기분으로 그저 바라볼 뿐이다. 황홀하게 아름다운 자연 앞에서 내가 누구인지, 어디서 왔는지 까마득히 잊고 이 순간 그저 무아지경이다.

빙산 조각 픽업 보트 _ 33cmx49cm _ 2016.07

요쿨살룬을 나와 호픈으로 가는 길, 여행 시작 후 5일만에 처음으로 국지성 소나기를 만났다. 저녁에 도착한 캠핑장은 빙하가 흘러가는 넓은 하류와 인접해 있는 호픈 캠핑장이다. 물가 바람이 싸늘해서 조금 안쪽 아늑한 자리에 텐트를 쳤다.

오랜만에 감자, 호박, 파프리카, 양파 등 야채를 듬뿍 넣어 카레를 만들고 소주 1팩, 김치를 곁들여 저녁 식사를 하는데 물가 쪽 우리보다 먼저 자리를 잡은 프랑스인 부부는 대여섯 살 아들을 재우고 있다. 저녁 짓는 내내 잠투정을 하느라 아이가 칭얼거리는데도 두 부부는 소곤소곤 아이를 달래는 동안 간간이 웃기도 하며 제법 긴 투정을 기꺼이 받아주고 있다.

우리도 저런 시절이 있었는데…. 30년 전 첫 아이 유진이가 막 돌이 지난 여름, 지금은 포장이 된 도로가 되었지만 그 당시엔 차가 안 다니던 8km 비포장 백담사 들어가는 길을 배낭 메고 아이 안고, 스텐레스 김치 통에 물김치 담아 들고 계곡 캠핑 갔었는데. 그 기억이 너무도 생생하게 떠올라 참 좋은 시절이었지 옛 이야기하며 웃었다.

자전거 캠핑 1 _ 135cmx203cm _ 2016.08

자전거 캠핑 2 _135cmx203cm _ 2016.08

SKIPPY

#07

8월 1일

호픈 / 에이일스타디르 (에이일스타디르 캠핑장)

오늘 아침은 갈매기 울음소리를 들으며 눈을 떴다. 보통은 캠핑장에서 아침에 산새소리를 듣기 마련인데 갈매기 울음소리가 어색하면서도 기분 좋다.

어제 저녁 남은 카레에 바나나와 요플레를 곁들여 아침을 먹고 있는 동안 옆집 프랑스인 부부는 부지런히 떠날 채비를 하고 있고, 어제 저녁 내내 조용하던 앞 텐트는 텐트와 연결한 빨랫줄에 양말과 속옷 등 빨래가 그대로 걸려 있는 걸 보니 아직 꿈나라인가 보다. 하늘에 구름이 가득해서 기온이 10℃정도로 제법 쌀쌀하다.

우리도 텐트를 정리한 후 따끈하고 달달한 핫초코를 한 잔 끓여 마시고 호픈 마을로 들어섰다. 바닷가재 요리가 맛있기로 유명하다는 작은 어촌이다. 손바닥만한 동네여서 가볍게 마을 한 바퀴를 산책하고 마을 중간에 있는 마트에 들러 고기, 과일, 야채를 샀다. 리쿼스토어를 찾긴 했는데 문을 닫아 와인은 또 사지 못했다. 비크에서는 가게를 찾지 못해 못 샀는데…. 일부러 예쁜 와인 잔도 두 개 챙겨왔는데 이러다간 와인 한 잔도 못 마시고 가는 게 아닌가 싶다. 애꿎은 소주만 마시다 보니 그것도 1팩밖에 안 남았다. 어제 저녁 마지막 소주잔을 내가 엎지르는 바람에 야금야금 아끼며 마시던 남편이 어찌나 아까워 하던지. 짐 무게를 줄이느라 열 팩 중 세 팩을 집에 놓고 온 걸 무지 후회하고 있는 중이다.

며칠 째 자동차 운전 중, 처음으로 제법 긴 터널이 나타나 의아해 하는 사이 터널 출구 왼쪽의 뷰 포인트를 살짝 지나쳐서 다시 되돌아 와 비포장 언덕길을 올라가 보았다. 언덕 길 끝나는 곳에 돌로 가드레일을 만들어 놓은 뷰 포인트에 올라서니 저 멀리 바다가 보인다. 날씨가 흐려 하늘이 열려 있진 않았지만 넓게 펼쳐진 바다 풍광이 제법 멋지다.

동부해안 산악지대 _ 29cmx43cm _ 2016.08

뒤돌아보니, 올라 온 비포장길을 따라 우리가 가야 할 길이 굽이굽이 펼쳐져 한 눈에 보인다.

나무가 없는 제법 큰 산들을 지나다가 불쑥 깎아지른 듯한 큰 산의 모습이 멋져서 잠시 쉬어가기로 했다. 날씨가 차츰 개어오고 일정도 여유가 있어서 점심은 이 곳에서 소풍으로 하기로 했다. 이동거리에 신경 쓰다 보니 점심은 거의 차에서 이동하며 간단히 먹곤 했다.

12시 30분이라 이곳에서 쉬고 있는 사람들도 대부분 넓고 평평한 바위나 잔디에 앉아 점심을 먹거나 한가로이 누워서 햇볕과 바람을 즐기고 있다. 우리도 바다가 잘 보이는 야트막한 언덕에 자리를 잡고 체크무늬 식탁보를 깔았다. 빵과 딸기 잼, 땅콩 잼, 바나나, 요플레, 사과와 과자를 꺼내 놓고 우리 기린이와 산다람쥐도 합석하니 제법 소풍 분위기가 난다.

동부해안가 주변 30cmx45cm _ 2016.08

기린과 산다람쥐의 피크닉 _ 27cmx41cm _ 2016.08

진정한 휴식 _ 33cmx49cm _ 2016.08

나무 한 그루 없이 거대하고 황량한 산과 저 멀리 끝없이 펼쳐진 해안가, 청명한 햇살과 살가운 바람, 와인 한 잔만 있으면 나무랄 게 없을 텐데…. 와인이 또 아쉽지만 샌드위치에 과일이 꿀맛이다. 과자를 곁들여 따끈한 커피도 한 잔 마시고 노란 꽃이 피어있는 주변 들판을 한가로이 산책했다. TV, 라디오, 음악, 휴대폰…, 문명의 기기들이 늘 내 주변에, 내 손에서 떠나질 않았는데 그것들 없이도 이렇게 행복할 수 있다니. 매일 매일이 아무 부족함 없이 한껏 충만하다. 자연의 힘이다.

피오르드로 형성된 어촌 마을 에이일스타디르가 오늘의 최종 목적지. 이제까지와는 달리 왼쪽으로 깎아지른 듯한 산이 구불구불 해안선과 맞닿아 이루는 동부쪽 피오르드를 따라가다 지름길인 939번 도로로 접어들었다.

산 높이만큼이나 제법 가파른 비포장 언덕길이어서 수동인 우리 차는 시동도 가끔 꺼져서 운전하는 남편이 살짝 긴장을 한다. 오랜만에 언덕길을 오르며 맞는 특이한 지형의 풍광에, 작지만 예쁜 폭포에, 하늘의 뭉게 구름과 산 위의 하얀 잔설, 그리고 몽글몽글 흰 구름 같이 통통한 엉덩이가 예쁜 도로 위의 양들을 구경하느라 나는 그저 즐겁기만 하다. 그러다가 문득, 초지 또는 길가의 양들이 꼭 세 마리씩 뭉쳐 다닌다는 재미있는 사실을 발견했다. 띄엄띄엄 가뭄에 콩 나듯 흩어져 있는 양들도 어김 없이 세 마리씩이다. 처음엔 우연이겠지 하고 세다가 나중에는 여기도 세 마리, 저기도 세 마리, 이번에도 세 마리, 하며 양 세는 재미에 푹 빠져버렸다. 세 마리가 가족일까, 친구일까? 결국 답은 알 수 없었지만. 하하.

산 언덕길을 넘으니 이번에는 도로 양 옆으로 전나무가 빼곡하고 제법 넓은 강물이 흐르는 또 다른 지형을 만난다. 한참을 달리니 커다란 호수도 보인다. 우리가 점심 피크닉 하면서 쉬던 곳의 경치와는 사뭇 다른 풍광이다. 아이슬란드는 정말 천의 얼굴을 가지고 있음이 틀림없다.

초록의 숲이 반갑기도 하고 비포장 도로의 한적한 길과 시골스러운 아늑한 풍경이 좋아서 아무 생각 없이 한참을 달렸는데 어느 외딴 집 앞에서 길이 끝나 있다. 뒤따르는 차량도 없고 너무 한적해서 좀 이상하긴 했었다. 네비를 믿었는데…. 할 수 없이 되돌아 나와 한참을 달려 아까 전에 지나쳤던 호숫가에 이르니 이정표가 보인다. 웬일인지 네비가 반대 방향으로 안내했던 것이다. 두 시간이 아깝긴 했지만 고즈넉한 작은 마을의 풍광과 초지의 말, 양들, 그리고 계곡 사이를 유유히 흐르던 강물, 내겐 멋진 보너스였다.

양 세 마리 1 _ 29cmx43cm _2016.08

양 세 마리 2 _ 29cmx43cm _ 2016.08

양 세 마리 3 _ 29cmx43cm _ 2016.08

이정표를 따라 호수 상류 끝까지 오니 제법 크고 예쁜 마을이 나타난다. 좋아라 했더니 오늘 도착해야 할 곳은 마을 뒤 큰 산길을 넘어야 한단다. 잔설이 군데 군데 많이 남아 있는 꽤 가파른 산 언덕을 한참을 올라와 뒤를 돌아보니 큰 호수를 끼고 있는 마을과 아까 우리가 잘못 갔던 강 하류까지 한 눈에 보인다.

언덕을 넘으니 그 높은 산지에 군데 군데 제법 큰 호수가 있고 예외 없이 양들이 유유히 풀을 뜯고 있다. 가파른 내리막길을 꼬불꼬불 돌아내려오니 거짓말처럼 계곡에 숨어 있던 동화 속 마을이 나타난다. 높은 산과 산 사이의 깊은 계곡에 바다가 들어와 형성된 피오르드, 길쭉하게 생긴 만이다.

금방 삶은 하얀 국숫발처럼 여러 개의 폭포 물줄기가 흐르는 크고 높은 산이 병풍처럼 마주보고 있는 길쭉한 만을 따라 그림 같은 집들이 쭉 마주하고 있다. 그 풍광이 그대로 물가에 반영되어 참 예쁘다. 전형적인 천혜의 무역항인 이곳은 그 옛날 바이킹 시절, 노르웨이에서 집을 지어와 이곳에서 조립했다는데 단순하고 얌전한 형태의 하늘색 교회가 특히 예쁘다.

바다가 접해있는 마을 끝자락까지 갔다가 둘러보니 바로 교회 뒤편에 우리가 찾던 캠핑장이 보인다. 우여곡절 끝에 예정보다 두 시간 늦은 터라 보물찾기 한 것처럼 기쁘다. 사이트는 넉넉한데 주차공간이 부족해 차를 주차장에 놓아야 하나 걱정했는데 다행히 도로와 살짝 경계를 걸쳐 텐트 옆에 주차할 수 있었다. 순간순간 미지의 세계를 펼치는 여행자에게 마을마다 있는 잘 정비된 캠핑장은 참 근사한 선물이다.

얼른 텐트를 치고 양고기를 굽고 연어샐러드와 소주 한 잔을 마시니 여기가 천국인 듯 행복하다. 찬밥과 참 훌륭하게 잘 어울리는 라면을 저녁으로 먹고 난 시간이 11시 20분이다.

에이일스타디르 가는 비포장 도로 _ 31cmx46cm _ 2016.08

#08

8월 2일

데피포스 / 아우스비르기 / 후사비크 (후사비크 캠핑장)

화창한 날씨다. 아침은 빵과 요구르트, 바나나와 커피 한 잔으로 가볍게 먹고 항구 마을을 천천히 둘러보았다. 병풍처럼 둘러싼 산의 하얀 물줄기가 계곡이 되어 흐르고 바다와 합류하는 다리를 건너서 화창한 아침 햇살에 하늘색 교회와 흰색, 붉은색, 검은색이 조화를 이룬 마을의 집들이 물가에 반영되어 그림처럼 예쁘다.

세이디스피오르드 교회 _ 27cmx41cm _ 2016.08

세이디스피오르드 마을 1 _ 29cmx44cm _ 2016.08

세이디스피오르드 마을 2 _ 29cmx44cm _ 2016.08

차도 안쪽 물가 산책길엔 수공예 소품들을 재미있게 전시해 놓은 집들도 있어 구경할 만 하다. 바다로 이어지는 마을 끝은 카약을 대여해 주는 곳도 있는데 몇몇 사람들이 노란, 빨강 원색의 카약을 타고 마을의 얕은 물에서 기본 연습을 한 다음 먼 바다로 막 나가려고 하고 있다. 교회 앞 물가, 초록 잔디 정원에 자전거가 여러 대 놓인, 벽이 온통 붉은 집 앞에 서서 흰 눈이 내린 겨울의 마을 풍경을 상상해 보았다.

네토 마트 _ 2016.08

텐트를 정리해 다시 언덕길을 되돌아 오르니 이내 마을은 높은 산의 계곡에 가려져 자취를 감춘다. 정말 그 마을이 있었나 싶다. 군데 군데 잔설이 남아 있고 제법 큰 호수가 있는 고개를 다시 넘어 마을로 내려와 'netto discounterstore'에서 장을 보았다. 어제 저녁 소주를 다 마셔 버린 터라 남편은 마트 직원이 알려주는 대로 리쿼스토어를 찾아 비장한 발걸음을 옮긴다. 한참 후에야 남편은 만면에 미소를 지으며 의기양양하게 나타난다. 와인 두 병, 시바스리갈 한 병을 안고 오는 모습이 개선장군 같다. 5일만의 성공이다. 알코올이 별로인 나까지 감격을 한다.

유럽에서 가장 규모가 큰 폭포라고 하는 데티포스 가는 길, netto에서 사온 빵과 바나나, 과자를 점심으로 먹으며 만만한 언덕을 오르고 있는데 갑자기 구름이 하늘을 온통 뒤덮더니 안개비가 내리기 시작한다. 잿빛이다. 하늘만 잿빛이 아니고 땅도 주변도 온통 잿빛의 무채색이다. 비와 바깥 풍광이 완벽하게 일치가 되는 날씨다. 초록의 평원, 빙하가 덮인 산, 황량한 돌무더기, 쭉쭉 뻗은 전나무가 길게 늘어선 커다란 호수, 높고 낮은 언덕, 폭포와 콸콸 흐르는 계곡물, 뭉게구름 가득한 푸른 하늘….

그리고 지금은 잿빛의 하늘과 땅, 태초의 원시공간에 들어와 있는 듯하다. 이 땅은 도대체 몇 가지의 얼굴을 가지고 있는 걸까?

빗방울이 내비치는, 검은 색의 돌과 흙의 땅이 온통 먹색으로 낮게 깔린 하늘과 맞닿아 있는 듯한, 아무 생명체가 없을 것 같은 능선을 한참 달려 도착한 곳, 데티포스다.

데티포스 가는 길 주변 _ 20cmx29cm _ 2016.08

데티포스 가는 비포장 도로 _ 33cmx49cm _ 2016.08

유럽 최대의 폭포 "데티포스" _ 33cmx49cm _ 2016.08

돌무더기 계단을 내려가면 땅 밑에서 수증기가 피어 오르는 게 보이고 이어 폭포 물 쏟아지는 소리가 거대하게 들린다. 비가 살짝 내려 바위에 발 디디기가 조심스러웠지만 급한 마음에 초입에서 사진 찍느라 여념이 없는 남편을 뒤로 한 채 폭포 중앙에 가서 섰다. 무엇에 그리 성이 났는지 온통 흙탕물이다. 콸콸 어마어마하게 쏟아내는 물의 양이 1초에 최대 500톤이란다. 유럽 최대 규모의 폭포답다.

발 밑으로 떨어지는 낙차가 커서 수증기가 안개처럼 높이 피어올라 맞은편에 있는 사람들은 모두 우비를 입고 구경하고 있다. 전망대가 제법 높아 우리도 저쪽으로 건너가볼까 했더니 이쪽에서는 가는 길이 없어 차를 타고 돌아가면 왕복 두 시간은 걸릴 거란다.

멋진 사진 욕심에, 오금이 저리도록 폭포가 내려다 보이는 손바닥만 한 돌에 아슬아슬하게 엉덩이를 걸친 채 사진을 찍은 우리는, 건너편으로 가는 대신 상류 폭포인 셀포스까지 다녀오기로 했다.

데티포스 상류로부터 시작되는, 높이는 낮지만 길고 아름다운 폭포인 셀포스, 데티포스로부터 왕복 1.6km 거리이다. 규모가 큰 폭포는 많이 봐 왔지만 이렇게 옆으로 긴 폭포는 또 처음이다. 발걸음을 옮길 때마다, 각도가 달라질 때마다 폭포는 천의 얼굴을 보여준다.

폭포를 구경하느라 몰랐는데 입구로 되돌아 나오니 한기가 느껴진다. 잔뜩 흐린 날씨에 비가 살짝 뿌리고 있고 더군다나 언제나처럼 폭포 주변은 다른 곳보다는 써늘하다. 주차장 옆에 마침 피크닉포인트가 있어서 차에서 버너를 가져와 따끈한 핫초코를 한 잔 끓여 마셨다. 폭포 물마저도 흙탕 물인 황량한 이곳에서의 핫초코 한 잔은 추위를 녹일 뿐만 아니라 살아 존재하는 자체가 달콤한 행복임을 충분히 느끼게 해주었다.

셀포스 _ 33cmx49cm _ 2016.08

아우스비르기를 향해 가는 길은 아까와는 또 다른 풍광이다. 언제 그랬냐는 듯 맑고 푸른 하늘이 얼굴을 내밀더니 주변의 잿빛이 초록으로 변한다. 그러고는 입구에 긴 돌담이 병풍처럼 둘러있는 협곡이 나타난다. 밖에서는 전혀 가늠할 수 없는 미지의 성으로 들어가는 듯한 느낌이다.

숲 속 주차장에 차를 세워 두고 아기자기한 여러 갈래의 하이킹 코스 중 하나를 선택해서 걷기로 했다. 우리 키를 조금 넘는 소나무와 자작나무, 버드나무가 빽빽하게 들어서 있고 희고 노란 야생화가 피어 있는, 엘프가 나타날 것 같은 예쁜 오솔길이 나 있다. 조금 전의 황량하기 그지 없던 데티포스의 풍광과는 전혀 다른 풍광에 들떠 마치 엘프가 된 듯 흥분하여 이리저리 숲 속 구경을 한다.

아이슬란드 국민의 70%가 엘프의 존재를 믿는다는 말이 여기 와서야 실감이 난다. 오솔길 끝까지 들어가니 기다란 모양의 맑은 호수가 있다. 그리고는 절벽. 최대 높이가 100m가 넘는다는 말발굽 모양의 거대한 돌로 된 절벽이 숲을 빙 둘러싸고 있다. 이곳에서는 절벽처럼 보이지만 저 위 절벽에서 보면 이곳은 협곡인 셈이다.

살짝 언덕을 올라와 호수를 내려다보니 하늘과 절벽이 그대로 투영되어 아름답다. 에메랄드 물 색이 신비로워 정말 이 순간 엘프가 나타날 것만 같다. 숲길을 걸어 나오다가 아까 숲을 들어설 때부터 나던 향기로운 냄새를 풍기는 노란 들꽃을 찾았다.

'바로 너였구나!'

사막을 걷다가 느닷없이 만난 오아시스처럼 아우스비르기는 노란 꽃의 향기와 함께 뇌리 속에 강렬하게 남을 듯하다.

아우스비르기 숲길 _ 33cmx49cm _ 2016.08

아우스비르기 _ 33cmx49cm _ 2016.08

되돌아 나오는 입구에서 캠핑장 이정표를 보았지만 아직 일곱 시라서 한 시간 더 가보기로 했다. 이제는 우측으로, 바다 위엔 설산이 길게 떠 있는 해안선을 달린다. 오늘 하루, 참으로 다양한 풍광들을 보았다. 아스라이 설산을 이고 있는 수평선을 배경으로 그림자가 길게 드리우기 시작한 석양 속, 한가로이 풀을 뜯고 있는 양과 말의 실루엣이 한 폭의 그림 같다.

옛날 바이킹의 정착지였던 북부해안의 아름다운 항구 마을인 후사비크에 도착해 언덕 아래로 펼쳐지는 마을이 반가워서 환호하는 사이 마을 입구 바로 오른쪽에 캠핑장이 보인다. 다시 '야호' 환호한다. 아우스비르그기 캠핑장에 머무를까 잠시 고민했던 터라 8시에 발견한 캠핑장에 감동할 수밖에. 더군다나 마을 입구 언덕이어서 마을과 함께 바다와 설산이 함께 보이는 곳이다.

후다닥 텐트를 치고 연어 샐러드를 만들어 아까 에이일스타디르 마을에서 5일만에 사온 와인 한 잔을 따르니 신선이 된 듯한 기분이다. 세상 모든 것을 가진 듯 지금 이 순간 참으로 충만하다. 여행을 하며 우리 인간이 이루어 놓은 문화 유적에 감동과 즐거움을 느낄 때도 많지만, 지금 이 순간은 자연만으로도 부족함이 없다. 단순함, 신비로움, 경이로움, 경외심을 모두 느낄 수 있는 대자연, 비움의 충만함과 단순함의 편리함을 배운다.

내일은 아침 일찍 일어나 마을로 내려가 배를 타고 고래 투어를 할 예정이다. 집채만한 고래가 유유히 헤엄치고 있을 마을 너머의 설산을 배경으로 한 바다를 보며 마시는 와인 맛이 근사하다.

1468

#09

8월 3일

후사비크 고래투어 / 크라폴라 / 고다포스 / 아쿠레이리 (아쿠레이리 캠핑장)

일곱 시에 일어나 아침을 간단히 먹고 텐트를 걷다가 어제 저녁 우리 텐트 바로 위쪽에 텐트를 쳤던, 벌써 성장을 하고 외출 준비를 마친, 두 명의 오토바이 아저씨들과 눈이 마주쳐 인사를 하게 되었다. 우리보다 나이가 있어 보였는데 56세란다. 올 봄에 홋카이도 캠핑장에서 오토바이 캠퍼를 보고 신기해했었는데 이곳에서는 자전거 캠핑족 만큼이나 흔하다. 아무튼 두 분 참으로 멋지다. 두두두두 멋진 폼으로 질주하는 그들의 뒷모습을 보며 남편은 부러운듯 한참을 바라본다.

마을로 내려 오니 고래투어 준비하는 사람들로 활기차다. 벌써 손님들을 가득 싣고 출항하는 배도 있다. 우리는 10시에 출항하는 가장 큰 범선(North Sailing)을 타기로 했다. 운이 좋으면 커다란 혹등고래를 볼 수도 있다는 말에 모두 기대와 흥분을 감추지 못한다. 배에서 나눠주는 방한복을 하나씩 입고는 모두 즐거워하며 서로 사진을 찍어준다. 국적과 성별, 나이는 다르지만 호기심 가득한 눈빛만은 숨길 수 없어 눈이 마주쳐도 그저 즐겁고 입가에는 웃음이 번진다.

오토바이 캠퍼 _ 30cmx44cm _ 2016.08

드디어 배가 출발하여 마을을 벗어나자 떠나온 마을이 언덕 아래 한 폭의 그림으로 걸려 있다. 잔뜩 만선의 기대를 안고 있는 선원들처럼 우리 모두 고래를 보리라는 설렘과 기대감에 분위기가 자못 엄숙하기까지 하다. 바다 한가운데로 나온 지 한참이나 지났는데도 아무 소식이 없어 소설 '노인과 바다'를 떠올리며 실망하면 어쩌지 했는데 갑자기 사람들이 한쪽으로 몰리며 환호성을 지른다. 자리를 박차고 가보니 커다란 고래가 바다표면에 여러 번 솟구치다가 유유히 사라진다. 혹등고래는 아니지만 제법 크다.

이후 여러 번 술렁임과 함께 고래의 모습이 이곳 저곳에서 포착이 되고 질서 있게 앉아 있던 자리는 네 자리 내 자리 없이 섞이며 사람들의 발걸음이 분주해진다. 아까 우리 배보다 먼저 출발한 조그만 배 몇 척은 빠른 기동력으로 고래를 이리 저리 몰고 다니며 협동 작전을 편다. 제법 예쁜 고래의 꼬리 사진을 찍은 남편은 흐뭇해 한다.

결국 혹등고래를 볼 수 있는 행운을 누리진 못했지만 세 시간 내내 호기심과 기대감과 설렘에 시간 가는 줄 모르고 즐거웠다. 우리가 서 있던 난간 바로 옆 대여섯 살 꼬마 아이는 빨간 어린이용 방한복을 입고 엄마 품에 안겨 내내 호기심 어린 질문을 해대고 엄마는 차분하고 끈기 있게 일일이 대답을 해준다. 아이의 진지함과 초롱초롱한 눈망울이 너무 예쁘고 귀여워 눈을 뗄 수가 없었다. 꼬마아이는 분명 푸른 바다 속을 유유히 유영하는 혹등고래를 보고도 남았으리라. 아직도 아이의 또랑또랑한 말소리가 귀에 울리는 듯하다.

후사비크 마을 _ 29cmx44cm _ 2016.08

고래투어 보트 _ 29cmx43cm _ 2016.08

배에 승선 할 때는 오버사이즈의 승선복의 가치를 잘 몰랐었는데 끝나고 돌아오면서 한기가 느껴진다. 방한복 덕에 추위를 잊었던 것이다. 고래의 출몰에 우왕좌왕 에너지를 써서 그런가 출출했는데 배에서 나누어 주는 빵 한 조각과 따끈한 핫초코는 참 맛있었다. 혹등고래를 못 본 서운함보다는 즐거운 모험을 했다는 만족감이 가득 차오른다.

고래투어 가족 _ 2016.08

고래 1 _ 27cmx41cm _ 2016.08

고래 2 _ 27cmx41cm _ 2016.08

배에서 내려 마을 중간에 자리 잡은 교회와 고래 박물관, 그리고 기념품점을 둘러보고 마트에 들러 마트 안에 자리한 카페에서 빵과 피자, 음료로 점심을 먹고 다시 화산지대로 이동했다.

푸른 산이 있는 초목지대를 한참 달렸는가 싶은데 거짓말처럼 이번에는 풀 한 포기 없는 황량한 황토색의 산과 온통 회색인 분화구가 나타난다. 입구 주차장에 도착하자 비가 제법 세게 내려 긴 외투 깃을 여미고 우산을 썼다. 사람들이 많이 모여 있는 온천 물이 흐르는 곳과 황토색 산 계곡물에서는 굴뚝 연기처럼 끊임없이 하얀 연기가 피어 오른다. 우산을 써서 잘 몰랐는데 주차장 입구 바로 앞에는 아예 굴뚝모양의 탑에서 수증기가 뿜어져 나오고 그 소리가 요란하여 마치 기관차가 지나는 것 같다. 만지면 화상이라도 입을 것 같은데 오늘같이 비가 오는 싸늘한 날씨에 난로처럼 따뜻해서 곁에 가니 푸근하고 좋다. 그 옆에 나란히 굴뚝 모양의 탑이 서너 개가 더 있다.

북부 크라폴라 화산지대 가는 길 _ 26cmx39cm _ 2016.08

아래 평지는 머드가 불뚝불뚝 동그라미를 그리며 끓고 있어 마치 커다란 솥에 맛있는 팥죽이 끓고 있는 것 같다. 땅 속 화산 활동이 어마 무시한 에너지로 전달되고 있는 것을 눈으로 확인한다. 아이슬란드가 불과 얼음의 땅임을 다시금 실감한다.

북부 크라폴라 화산 지대 1 _ 31cmx47cm _ 2016.08

북부 크라폴라 화산 지대 2 _ 31cmx47cm - 2016.08

북부 크라폴라 화산 지대 3 _ 31cmx47cm _ 2016.08

비가 그쳐 우산을 접고 주위를 둘러 보니 우리가 달려온 길을 사이에 두고 왼쪽은 황량한 화산지대, 오른쪽은 푸른 초목지대이다. 그 사이를 편 가르듯 S자를 그리며 나 있는 도로가 무척 인상적이다. 그 S자도로를 따라 산 언덕을 오르니 에메랄드 빛 온천 호수가 보인다. 지름이 족히 200여 미터는 될 법한 제법 큰 호수인데 물 안개처럼 수증기가 피어 오르고 색깔이 어찌나 예쁜지 방금 엘프가 나타나 목욕이라도 하고 떠난 듯 신비롭다.

호수가 끝나는 부분에서 좌회전을 해서 들어가니 여긴 또 온통 검은 색 흙과 돌이어서 마치 탄광촌을 들어온 듯하다. 여기 저기에서 굴뚝 연기가 솟아 오르고 지구의 종말이 이럴까 싶을 정도로 황량하기 그지 없는 곳에 주차장을 꽉 채운 커다란 온천장이 있고 그곳은 예외 없이 사람들로 북적인다. 날씨도 쌀쌀하고 피곤도 풀 겸 남편에게 온천을 제안했더니 '블루라군 온천에 갈 건데 뭐' 라며 차를 돌린다.

북부 크라폴라 화산 지대 4 _ 31cmx47cm _ 2016.08

호기심 천국이어서 저 안이 무척 궁금했던 나는 살짝 토라져서 잠깐 자는 척 눈을 감고 있다 떠보니 언제 그랬냐는 듯 햇살이 반짝반짝 빛나는 푸른 초원 언덕을 달리고 있다. 그러다가 눈이 번쩍 뜨인다. 언덕 아래 들판 한가운데 햇살을 받아 물줄기가 하얗게 부서지는 폭포가 보인다. 아이슬란드에서 가장 아름다운 폭포라는 고다포스다. 웅장하면서도 예쁜 폭포의 모습에 반해 커다란 돌 바위에 올라가 폭포를 배경으로 인증 사진을 남기고 오늘의 목적지인 아쿠레이리로 향한다.

계곡처럼 길게 이어지는 피오르드를 달려 구름 고깔 모자를 쓴 것 같은 큰 산 쪽으로 우회전해 들어오니 덴마크, 노르웨이 크루즈 선이 입항한다는 아름다운 항구, 제2의 도시 아쿠레이리가 나타난다. 길게 들어온 만을 내려다보며 야트막한 언덕에 집들이 예쁘게 서 있다. 도시의 중심 언덕에 우뚝 솟아 있는 교회 옆 캠핑장에 텐트를 치고 교회로 난 계단을 내려와 마을로 들어섰다.

가장 번화한 사거리 수제 햄버거 레스토랑에 들어가 여행 후 처음으로 외식을 했다. 나는 양고기 햄버거, 남편은 소고기 햄버거, 그리고 세 종류의 맥주를 한 셋트로 시켜 놓고 오랜만에 문명을 즐겼다. 편리한 문명의 익숙함과 조금 불편하지만 큰 만족감을 주는 자연의 묘한 매력을 기꺼이 즐길 줄 아는 우리 두 사람에게, 서로에게 오랜만에 건배를 했다.

고다포스 _130cmx195cm _ 2016.08

#10

8월 4일

아쿠레이리 / 스나이펠스네스 반도 (반도 캠핑장)

아침에 눈을 뜨니 날씨가 흐려서 금방이라도 비가 올 것 같아 얼른 텐트를 걷고 아침 식사는 캠핑장 입구 피크닉 테이블에서 하기로 했다. 네 개의 테이블 중 다행히 하나가 비어 있어 자리를 잡고 라면을 끓였다. 딱히 곁들여 먹을 반찬도 변변치 않고 이렇게 날씨까지 우중충하고 싸늘한 날 아침에 먹기 딱 좋은 음식이 바로 라면이다. 식빵에 잼 발라 커피 한 잔으로 식사를 대신하고 있는 옆 테이블 사람들에게 미안할 정도로 냄새는 물론이고 면발과 국물 맛이 정말이지 끝내준다.

우리가 식사를 하고 있는 동안 맨 안쪽 테이블에서 떠날 채비를 하던 백발의 세 남자가 커다란 배낭을 둘러 메고 나란히 길을 나선다. 약속이나 한 듯 모두 하얀 백발에 수염까지 하얀, 체구도 건장한 세 분의 포스가 예사롭지 않아 보였는지 남편은 젓가락을 놓고 얼른 뒤따라가 그분들 뒷모습 사진을 찍어온다. 자동차도, 오토바이도, 자전거도 아닌 도보 여행을 하는 멋진 노신사들이다.

백패커 1 _ 27cmx40cm _ 2016.08

백패커 2 _ 27cmx40cm _ 2016.08

자전거 캠퍼 1 _ 29cmx43cm _ 2016.08

자전거 캠퍼 2 _ 29cmx43cm _ 2016.08

느긋하게 커피와 코코아를 마시고 있는데 이번에는 테이블 앞길로 자전거 커플이 지나가며 서로의 자전거를 사이에 두고 출발 키스를 나눈다. 얼른 휴대폰 카메라를 꺼내 들었지만 타이밍을 놓쳐 아쉬워했더니 남편이 그들에게 한 번 더 키스를 주문한다. 잠시 쑥스러워하더니 아까처럼 다시 키스를 하며 포즈를 취해준다. 그 모습이 참 예쁘다. 작고 꼼꼼하게 자전거에 묶여 있는 짐이 그들의 관록을 말해주는 듯하다.

우리가 올 때부터 앉아 있던 바로 옆 테이블의 독일 가족은 아직도 긴긴 아침 식사를 하고 있는 중이다. 중학생 정도의 아들과 딸은 부모 앞에 다소곳이 앉아 조용조용 그들의 이야기에 귀 기울이며 차분하게 빵을 먹고 과일을 먹는다. 가정마다의 문화 차이가 있겠지만 대체로 유럽의 부모들은 자녀들과 차분하게 대화를 나눈다. 극히 일부분이고 잠깐씩이긴 하지만 캠핑하면서 그들의 생활 모습을 엿볼 수 있는 기회가 있는데 큰 소리 내지 않으면서 조곤조곤 대화 나누는 것을 보곤 한다. 차분하게 자녀들의 이야기를 들어주고, 기다려 주고, 진지하게 가르쳐 주고 자연을 여행하며 함께 경험하고 나누는 것이야말로 정말 훌륭한 가정교육이 아닐까?

독일 가족 _ 2016.08

아퀴레이랴크키르캬 _ 29cmx44cm _ 2016.08

우리도 아침 식사를 마치고 마을로 내려갔다. 우측 교회 옆 완만한 언덕길 양옆은 모두 작은 박물관이나 아트 스튜디오여서 건물들의 색깔과 디자인이 독특하고 예쁘다. 길거리 조형물과 벽화만으로도 볼거리가 가득하다.

어제 저녁 햄버거를 먹었던 레스토랑이 있는 사거리는 관광객들로 붐빈다. 사거리 모서리 카페를 겸한 기념품점 노상에서 진한 커피를 한 잔 하며 오랜만에 여유를 부려본다. 이 곳은 조그마하고 아기자기해서 가볍게 산책하며 둘러볼 수 있는 곳이다.

몇 가지 기념품을 사고 어제부터 봐왔던 카페 맞은 편 양모 옷을 파는 가게에 들러 아이슬란드 양모로 만든 수제 조끼와 모자 세트를 샀다. 양모 수제여서 가격이 부담스럽긴 했지만 아이슬란드 전통 문양의 양모 옷을 눈여겨 보던 터라 큰 맘 먹고 샀다. 추운 겨울 가끔씩 이 옷을 입으면 이곳에서의 추억이 떠오르겠지? 푸른 초원에서 한가로이 풀을 뜯던 통통한 엉덩이를 가진 양들도. 하하.

아쿠레이리 시내 1 _ 30cmx44cm _ 2016.08

아쿠레이리 시내 2 _ 30cmx44cm _ 2016.08

아쿠레이리 시내 3 _ 30cmx44cm _ 2016.08

아쿠레이리 핫도그 _ 2016.08

내가 작고 예쁜 가게를 기웃거리는 사이 잠시 사라졌던 남편이 손에 핫도그를 들고 나타나 한 입 먹어보라고 내민다. 이곳에서 유명한 핫도그인데 줄을 서서 샀단다. 유명하단 말을 들어서 그런가 길거리 핫도그 치고는 맛이 꽤 괜찮다.

골목길 끝에서 차도를 건너 큰 크루즈 선이 들어와 정박해 있는 피오르드만을 거닐었다. 소규모이긴 하지만 고래투어를 하는 곳도 보이고 예쁜 색깔의 종이로 금방 만들어 놓은 것 같은 집들이 죽 늘어서 있다. 캠핑장이 있던 언덕의 교회와 집들, 맞은 편 이곳을 들어오는 길이 나 있는 큰 언덕 같은 산, 그리고 깊숙이 길게 들어와 만을 이루는 피오르드, 이 모든 것이 조화를 이루는 그림같이 아름다운 도시다. 이 곳 겨울의 모습은 어떨까 잠시 또 생각을 해 보았다.

아쉬움을 뒤로 하고 이제 링로드 여행의 최종 목적지인 스나이펠스네스 반도로 이동한다. 이곳으로부터 300 km 떨어진 곳이다. 예정대로라면 다섯 시간 반 정도 소요될 거란다. 여행 중 한 번에 가장 긴 거리를 이동하는 셈이다. 초행길을 오랜 시간 운전해야 하는 남편은 긴장의 시간이겠지만 나는 룰루랄라 신이 난다. 빵, 잼, 치즈, 과자 그리고 사과와 바나나 등 먹거리도 충분하니 출출하면 먹으면서 멍하니 바깥 경치를 즐기기만 하면 되는 것이다. 다양한 풍광이 주는 즐거움이 무엇에 비할 수 없이 크다.

스나이펠스네스 반도 가는 길 _ 33cmx49cm _ 2016.08

서쪽으로 갈수록 목초지가 많아 양과 말의 수가 더 많고 농가도 자주 눈에 띄어 마치 우리 농촌을 보는 듯하다. 링로드의 북서쪽을 달리고 있는 터라 우측으로 바다를 보며 높고 낮은 언덕을 수도 없이 반복해서 오르내린다. 맑은 하늘에 흰구름이 뭉게뭉게 피어 오르다가도 고개를 넘을라치면 금새 먹구름에 비를 뿌리는 변덕질을 한다. 아침은 8℃ 정도로 쌀쌀하고 햇살이 따사로운 오후가 되면 14℃ 정도로 기온이 올라 쾌적하지만 혹시 몰라 챙겨 왔던 내의는 벗은 적이 없다. 저녁엔 우모복에 비니 모자를 써야 될 정도로 기온이 내려간다. 지금 한창 절정의 더위를 겪고 있는 한국을 생각하면 최적의 피서지가 아닐까 싶다.

언덕을 내려오는데 좌측으로 자그마한 교회 하나가 눈에 띄어 차를 멈춘다. 멀리서 보기에 정말 성냥갑 같은 아주 단순하고 작은 교회다. 그 너른 땅에 아무것도 없이 딸랑 혼자 외로히 서 있다. 복잡한 도심에 있었다면 그러려니 했을 텐데 지금 이곳에선 존재 자체가 큰 의미다. 내려서 교회를 사진에 담으며 길가에 길게 드리운 우리 둘의 그림자도 같이 담는다.

말 _31cmx47cm _ 2016.08

겨울 준비 (건초더미) _ 33cmx49cm _ 2016.08

시골 교회 _ 29cmx43cm _ 2016.08

완만하고 긴 언덕길을 구불구불 오르내릴 때마다 오른쪽으로 보이는 바다에 점점이 작은 섬들이 나타나기 시작한다. 반도가 가까워지고 있는 것이다. 그런데 아무리 봐도, 어디에도 사람이 사는 도시나 마을이 있을 것 같아 보이지 않는다. 기울어 가는 햇살을 받으며 간간이 작고 예쁜 교회나 농가가 그림처럼 초원에 서 있을 뿐, 양보다는 말들이 유유히 떼지어 풀을 뜯고 있는 모습이 자주 눈에 띈다.

바닷물이 길게 깊숙이 들어와 마치 계곡을 이루는 것 같은 잔설 덮인 높은 산을 돌아 나가니 네비가 오른쪽 해안 끝을 가리킨다. 지금은 보이지 않지만 그 끝 쪽 어딘가에 우리 목적지가 있을 것 같다. 다섯 시간째 운전하고 있는 남편은 다행히도 아쿠아레이를 떠날 때 긴장하던 것과는 달리 비교적 컨디션이 좋아 보인다. 나 역시 시간 가는 줄 모르고 바깥 풍광의 모습에 푹 빠져 지루한 줄 몰랐다. 사진에, 눈과 마음에 풍광을 담느라 오히려 바빴다.

바로 길가 옆 풀을 뜯는 말의 모습이 예뻐서 잠시 내려 사진을 찍고 조금 더 가자 거짓말처럼 서쪽 화산지대인 스나이펠스네스 반도가 나타난다. 언덕에서 내려다 볼 때는 저기 일거라 짐작을 했지만 평지로 내려와 달릴 때는 도저히 마을이 어디에 있을지 가늠할 수 없었는데….

어촌 교회 _ 29cmx43cm _ 2016.08

스나이팰스네스 반도 캠핑장 1 _ 32cmx48cm _ 2016.08

멀리 등대가 보이는 주유소 옆 마을 입구에 역시나 제법 큰 캠핑장이 있다. 작고 아담한 앞쪽 사이트를 지나쳐 안쪽의 넓은 캠핑 사이트 언덕 쪽으로 멀리 만년설을 이고 있는 높은 산들이 멋진 배경을 이룬다.

텐트를 치고도 아직 해가 남아 있어 잠시 마을을 내려가 보았다. 언덕을 따라 다양한 색상의 19세기 가옥이 예쁘게 자리한 조그마한 마을, 스티키스홀뮈르. 빨강, 파랑, 노랑, 흰색의 작은 요트들이 종이배처럼 정박해 있는 동그란 만 앞 언덕 위 빨간 등대가 예쁘다. 늘 그렇듯 이곳에도 마을 중앙 오른쪽엔 독특한 디자인의 커다란 교회가 우뚝 자리를 잡고 서 있다.

내일 아침 내려와 시 투어 후에 마을 곳곳을 구경하기로 하고 캠핑장으로 올라와 저녁 준비를 했다. 따끈한 밥을 지어 된장찌개를 끓이고 양념된 양고기 스테이크를 구워 상을 차리고 와인 두 잔을 따라 상에 올려 놓으니 제법 근사하다. 마침 석양에 그림자가 길게 텐트에까지 드리운다. 우측 텐트 젊은 커플은 해가 기우는 긴 시간 내내 텐트 앞 바위에 걸터 앉아 바로 아래로 펼쳐진 푸른 잔디의 골프장과 눈 덮인 먼 산을 배경 삼아 독서 삼매경이고 왼쪽 텐트 아빠와 아들은 저녁을 해 먹으며 두런두런 이야기를 나눈다. 가장자리로만 텐트가 빙 둘러서서 운동장처럼 되어버린 잔디 위로 석양이 반사되어 눈이 부시게 푸르다.

스나이팰스네스 반도 캠핑장 2 _ 32cmx48cm _ 2016.08

#11

스나이펠스네스 반도 어촌 _ 30cmx45cm _ 2016.08

8월 5일

스나이펠스네스 반도 / 스티키스홀뮈르 / 그린다르 피오르드 (레이캬비크캠핑장)

아침을 먹고 서둘러 텐트를 걷어 정리한 후 마을로 내려갔다. 마을로 들어온 둥그런 만을 가득 채우고 있는 여러 색깔의 작은 요트들이 밝은 햇살에 그림처럼 아름답다. 만의 한 귀퉁이 매표소에서 시 투어 티켓을 끊었다.

반도 앞바다의 흰 꼬리 수리와 퍼핀을 보며 브레이다 피요르드만을 두 시간 반 가량 둘러보는 투어이다.

한 시간 정도 여유가 있어서 천천히 만 주변을 산책했다. 시간이 가까워지니 사람들이 하나 둘 모이기 시작한다. 고래 투어 때의 배만큼이나 제법 큰 배에 5~60명 정도의 손님이 오른다.

처음에는 자리를 잡고 앉았는데 바다 위 점점이 떠 있는 크고 작은 섬들을 지나치며 배가 잠시 머물 때마다 이리 저리 자리를 옮겨가며 흰 꼬리 수리와 퍼핀의 모습을 사진에 담는다. 물 위에서 열심히 목욕을 하던 퍼핀 한 마리가 우리 배가 다가가자 얼른 물 속으로 퐁당 들어가 숨어 버리는 모습이 참 귀엽다. 검은색 바위에 혼자 앉아 바위에 부딪히는 파도를 물끄러미 바라보는 조그마한 흰머리 새가 예쁜 장난감 같다. 천혜의 자연을 한껏 누리는 행복한 주인공들이다.

다양한 각도로 펼쳐진 주상 절리 바위며 얇은 벽돌을 층층이 네모 반듯 시루떡 쌓아 놓듯 한 절벽 등 작은 섬들의 모습은 각양각색의 특색을 지니고 있어 덕분에 우리는 물 위에 떠있는 훌륭한 바위 조각 작품을 시간가는 줄 모르고 감상할 수 있었다.

흰머리 새 _ 10cmx15cm _ 2016.08

퍼핀 _ 10cmx15cm _ 2016.08

투어 보트 선상 1 _ 2016.08

바람막이 점퍼를 입었지만 바닷바람이 제법 차가워 칠부 바지에 양말도 신지 않은 나는 추위를 느껴 양지를 찾아 햇살을 쬐고 있는데, 20분 전쯤 바닷물에 내려졌던 그물 망태기가 올라 오는 게 보여 뱃머리 갑판으로 가보았다.

"와!"

사람들의 호기심 어린 눈이 모두 길게 차려진 테이블 위로 쏠리고, 거기엔 금방 바다 밑에서 건져 올린 피조개, 성게, 홍합, 불가사리 등이 하나 가득 쏟아진다. 몇몇 승무원이 재빠른 솜씨로 해산물들을 까고 손질해서 승객들에게 권한다. 피조개와 성게 알을 받아 먹어보니 향긋하고 짭쪼름한 바다 내음이 입안 가득 퍼진다. 준비된 포도주를 사서 즉석에서 안주 삼아 한 잔 나누며 즐거워하는 이들도 있다. 아이들은 살아 움직이는 불가사리며 소라, 고동 등 신기한 해산물을 만져보며 즐거워 한다.

흰 백발에 맘씨 좋게 생긴 선장님이 정성스럽게 골라 까서 손질해 준 노란 성게 알은 정말 맛이 훌륭했다. 선상 파티와 더불어 선장님의 정성 어린 마음이 전해져 몸과 맘이 훈훈해졌다.

투어가 끝나고 바다를 한 바퀴 돌아 등대가 보이는 마을로 배를 돌리자 물살의 흐름이 갑자기 빨라지면서 배가 마구 흔들렸다. 바다 밑에 지진이라도 일어난 것처럼 이러 저리 휘도는 물살이 무섭기도 하다. 보이지 않는 바다 속에도 크고 작은 바위 섬이 있어 물 흐름을 바꾸어 놓기 때문이리라.

투어 보트 선장 _ 2016.08

투어 보트 선상 2 _ 2016.08

배에서 내려 마을에서 마주 보이는 등대가 있는 언덕에 올랐다. 요트가 정박해 있는 만 끝 쪽에 거대한 벽처럼 우뚝 솟아 있는 바위 절벽 위에 서 있는 빨간 등대가 마치 마을을 지켜주는 수호신처럼 든든하게 서 있다. 좀 전 우리가 탔던 시 투어 배가 유유히 바다로 빠져나가는 모습이 보이고 마을 한 가운데는 스티키스홀므스키르캬 교회가 소박하고 예쁜 집들을 거느리고 서 있다.

스나이펠스네스 반도 어촌 _ 30cmx45cm _ 2016.08

반도 교회 _ 2016.08

어제 아쿠레이리로부터 무려 300km를 달려와 만난 이 곳, 마을로 들어서기 직전까지도 이런 마을이 있으리라곤 상상할 수 없는 길을 달려와 만난 이 마을은 지금 언덕에 올라와 내려다 보니 신기루를 보는 듯하다.

언덕을 내려와 교회로 향했다. 잉크 색 파란 하늘에 온통 하얀색으로 눈이 부신 스티키스홀므스키르캬 교회는 중앙에 아치를 이루는 네 개의 종을 매달고 있는 종탑으로 유명한 교회이다. 실내로 들어서자 제단 벽면에 예수 승천 모습의 그림이 눈에 들어온다. 왼쪽에는 파이프오르간이 있고 위로 길게 난 창문으로 햇살이 화사하게 들어와 아늑하고 평화로운 분위기를 더해준다. 이 교회가 이 자리를 지키고 있는 한은 이 마을은 늘 이렇게 예쁘고 평화로울 것 같다.

교회를 나오다 보니 입구 양 옆 화단에 해당화가 만발해 있다. 반가워 얼른 코를 갖다 대니 바로 그 향기가 난다. 고향 바닷가에 지천으로 피는 해당화 향기, 먼 이국 땅에서 고향의 냄새를 맡는 행복을 만끽한다. 남편은 교회 마당 앞에 펼쳐진 브레이라 피요르드만을 오랫동안 바라보고 서 있다. 저 멀리 설산과 수평선, 길게 들어온 만을 따라 그림처럼 서 있는 집들. 신기루처럼 우리 앞에 나타났던, 돌아서면 거짓말처럼 눈앞에서 사라져 버릴 이 마을을 오랫동안 기억할 것 같다.

아니나 다를까 조금 벗어나자 마자 마을은 무심하게 이어진 길 끝에 금세 묻혀 사라져 버리고 만다. 이제 또 이 길을 따라 달려 가면 어떤 풍광을 마주치게 될까? 여행 막바지에 접어들었는데도 우리의 호기심은 전혀 줄어들 기미를 보이지 않고 오히려 내 눈은 호기심과 설렘에 더욱 반짝거린다.

지금은 반도의 북쪽 해안가를 달리고 있는 중. 언제 그랬냐는 듯 오아시스는 사라지고 풀 한 포기 없이 누런 이끼 가득한 황량한 돌무더기 들판이 펼쳐진다. 갑작스럽게 변한 풍광에 어이없어 하며 달리고 있는데 저 멀리 우뚝 솟은, 이제껏 본 언덕과는 다른 모양의 구릉이 보이기 시작한다. 멀리서 봐도 눈길을 뗄 수 없게 도드라진 모양을 하고 있다.

"저 산은 참 특이하게 생겼네."

했더니 영화 '월터의 상상은 현실이 된다'의 주인공이 배로 처음 아이슬란드에 도착해서 자전거를 타고 출발하는 마을로 유명해진, 그런다르 피요르드 마을을 지키고 있는, 아이슬란드에서 가장 아름다운 산이란다. 불과 몇십 분 사이에 달라지는 풍광에 또 어이가 없어 할 말을 잃는다.

산은 제법 마을까지 길게 들어와 있는 피요르드 바다 쪽, 양이 풀을 뜯는 넓은 초지 위쪽으로 우뚝 솟아 바위 성을 쌓아놓은 모양을 하고 있다. 마치 우리나라 설악산의 울산바위를 초지 위에 그대로 옮겨다 놓은 형상이다. 마을에서 해안가까지 길이 나 있어 따라 들어가다가 마을 골목길, 물가 건너 산을 전망으로 보고 있는 어느 집 앞 잔디까지 가게 되었다. 정원이 바로 옆이라 미안해 했는데 오히려 우리 둘의 사진을 찍어 주겠다며 차로 외출했다 돌아오던 그 집 청년이 친절을 베푼다.

반도 가는 길 _ 33cmx49cm _ 2016.08

키루큐펠산 _ 27cmx40cm _ 2016.08

넓고 푸른 정원의 하얀 빨래와 요트가 햇살에 눈부시다. 천혜의 멋진 섬을 배경으로 잔잔한 바다에 요트를 띄울 수 있는 한적한 마을에서의 삶은 어떨까 잠시 생각해 보았다.

오늘 가야 할 목적지가 아직 두 군데 남아 있어 발길을 서두른다.

넓게 펼쳐진 해안가를 보며 달려 도착한 아르나로스파티 마을, 현무암의 해안절벽이 아름다운 3.6km의 트레킹 코스가 있는 곳이다. 어떻게 알았는지 하얀 현무암이 아름다운 절벽마다 하얀 갈매기들이 바글바글 둥지를 틀고 있다. 알에서 부화해 한창 성장하고 있는 새끼 갈매기가 부지런히 먹이를 나르는 어미 새들에게 서로 먹이를 달라고 아우성치는 소리에 귀가 다 멍멍할 지경이다.

아로나로스파티 해안 1 _ 30cmx44cm _ 2016.08

절벽처럼 솟아 있는 큰 산을 배경으로 아름다운 교회가 바다를 보며 자리한 마을 해안가를 사람들이 느긋하게 거닐며 한가하게 오후를 즐기고 있다. 우리도 오랜만에 코스를 반 바퀴 걷고 마을로 돌아왔다.

레이캬비크와 스나이패스 반도 중간에 위치한 보르가레스 마을에 도착한 시간은 7시 30분. 바이킹의 역사를 기록으로 볼 수 있는 Setelement Center가 시간이 늦어 문을 닫아 볼 수가 없게 된 섭섭한 마음에 석양이 기울기 시작하는 조용한 마을의 언덕에 올랐다.

아로나로스파티 해안 2 _ 32cmx48cm _ 2016.08

조개모양의 커다란 조형물이 마을의 수호신인 듯 언덕 꼭대기에 서 있다. 풀 한 포기는 커녕 금방 화산이 폭발하여 화산재를 뒤집어 쓴 것 같은 커다란 산을 옆에 두고 호수처럼 맑은 바다를 배경으로 야트막한 언덕을 이루어 형성된 예쁜 마을이다.

언덕을 내려오는 흙 계단과 바로 이어지는 예쁜 찻집이 있어 들여다 보니 문이 닫혀 있어 또 아쉽다. 개미 한 마리 보이지 않던 마을인데 갑자기 부엌에서 그릇 부딪히는 소리가 들리고, 맛있는 음식 냄새가 풍겨 귀 기울이니 찻집 바로 옆에 레스토랑이 있다. 마침 배가 고팠고 음식 냄새도 냄새지만 사람들이 그리워 서둘러 계단을 내려가 레스토랑으로 들어갔다. 제법 큰 홀에 사람들이 빼곡하고 웨이터들은 음식을 나르느라 분주하다. 이곳을 방문한 관광객은 물론 마을사람들까지 이곳에 다 모인 듯하다.

보르가네스 해안 _ 32cmx48cm _ 2016.08

마을 상징 _ 32cmx48cm _ 2016.08

메뉴도 안 보고 들어왔는데 비프라쟈나와 스파게티가 제법 맛이 있다. 며칠 전 아쿠레이리에서 햄버거 외식 이후 두 번째 외식이다. 마을의 너무 조용한 분위기에 살짝 눌려 있던 기분이 가족 단위, 또는 연인들의 활기찬 식사 분위기에 활기를 되찾는다. 그러고 보니 링 로드 일주 여행의 마지막 저녁을 이곳에서 하게 된 셈이다.

우리가 출발했던 레이캬비크가 가까이에 있다는 것이 실감이 나지 않는다. 완주를 앞둔 남편은 살짝 흥분을 하는 듯하다. 이제 원점 가까이에 와 있는 것이다. 바다 건너 유난히 맑게 붉은 노을 속으로 익숙한 레이캬비크의 모습이 보이기 시작한다. 네비는 이제 곧 레이캬비크 도착을 알리는데

'대체 저 바다 건너편을 언제 어찌 돌아가야 하지?'

하는 순간 앞에 터널이 나타난다.

'혹시 해저 터널?'

맞다. 지금 우린 해저 터널을 지나고 있다. 제법 긴 터널을 지나오며 우리 둘 다 놀라움을 감추지 못한다. 그 동안 끝도 없을 것 같은 평원을 달리고 달렸는데 해저터널이라니. 아이슬란드는 이렇게 끝까지 우리에게 놀라움을 선사한다. 터널을 나오자 서쪽 석양빛에 물들어 오히려 동쪽하늘 구름이 홍시빛으로 곱게 물든 레이캬비크가 우리를 맞는다.

열흘 만에 레이캬비크에 무사히 안착한 것이다. 캠핑장으로 바로 가서 완주 기쁨을 만끽하고 싶었지만 여기서 40분 거리인 블루라군을 잠시 가 보기로 했다.

시내를 벗어나자 도로 주변은 다시 황량한 이끼 낀 돌무더기로 변하고 빨갛고 길게 드리우는 석양에 눈이 부시다. 돌무더기는 이제 금방 지진이라도 일어난 듯 쩍쩍 갈라져 발이 쑥쑥 들어가고 내가 들어가 앉아도 될 만큼 움푹 파여 있기도 하다. 황량하단 말 밖에는 달리 표현할 방법이 없다. 블루라군까지 이 풍광이 계속 이어지다가 입구에 다다르니 여기저기 수증기가 연기처럼 피어 오른다. 마치 커다란 공장지대에 온 것 같다.

불루라군 가는 길 _ 33cmx49cm _ 2016.08

불루라군 온천 입구 _ 30cmx45cm _ 2016.08

돌무더기 담 길을 100여미터 걸어 들어가면 출입문이다. 시원하게 온천을 즐기고 맨발에 슬리퍼 차림으로 나오는 사람들의 표정이 한결같이 편안해 보인다. 입구에서 사진을 몇 장 찍고 매표소에 들러 내일 오후 10시 예약을 하고 나왔다. 미리 예약을 했으면 내일 낮에 와 하루 시간을 보낼 수 있을 텐데 사람이 이리 많을 줄 모르고 예약을 못 했으니 할 수 없지, 아쉬워하며 레이캬비크로 돌아왔다.

캠핑장 입구에서 손바닥만한 캠핑장 사이트 표지판을 보자 반갑고 피식 웃음이 나왔다. 여행 첫날 이곳을 못 찾아 밤새 헤매던 기억이 생생한데 어느새 한 바퀴 돌아와 원점에 선 것이다. 감개무량하여 남편과 하이파이브로 링 로드 완주를 자축했다.

#12

8월 6일

레이캬비크 / 블루라군 온천 (레이캬비크 캠핑장)

오랜만에 푹 늦잠을 자고 일어났다. 흰구름이 가득한 맑은 하늘, 낯익은 풍경, 마치 고향에 돌아온 듯 편안하다. 이 곳 레이캬비크까지 무사히 완주를 마치고 블루라군을 잠시 다녀와 새벽 한 시경에 도착해 잠자리에 들었지만 어려운 시험을 무사히 치르고 난 뒤의 뿌듯함에 가슴이 벅찼다.

가볍고 상쾌하게 레이캬비크 할그림스키르캬 교회로 향한다. 익숙한 거리인데도 저 멀리 교회가 보이자 또 다시 마음이 설렌다. 오늘도 역시나 교회는 사방에서 사람들의 발걸음을 재촉하게 한다. 반가워하는 마음을 먼저 알고 교회가 따뜻하게 우릴 품어준다. 교회 앞 길거리에 주차를 해 놓고 천천히 걸어 내려오다 우측 태국식당에 들어가 쌀국수와 커리를 아침으로 먹었다.

벽 그림이 멋진 우측 골목으로 접어드니 유모차에 어린 아이들을 데리고 나들이 나온 현지인들, 관광객들이 붐빈다. 맑은 하늘에 흰구름, 상쾌한 바람이 살랑살랑 불어 외투 깃을 여미고 걷기에 상큼하고 화창한 날씨다. 큰 숙제를 끝내고 난 자의 여유로움이랄까, 살짝 거들먹거리기까지 하며 보란 듯이 걷는다. 멋지게 건강하게 무사히 일주를 끝내고 되돌아온 우리가 자랑스럽다. 여행을 떠날 때는 이곳의 속살을 보리라 했는데 돌아와서야 이 곳 또한 아이슬란드의 속살임을 알게 되었다. 조금 더 큰 규모일 뿐, 이 곳 또한 호수와 산과 주변이 자연에 잘 녹아 든 또 하나의 멋진 자연이다.

브런치 레스토랑에서 따끈한 커피와 타르트로 아침 디저트 시간을 보내고 사거리 광장으로 내려오니 사람들이 광장을 가득 메우고 있다. 어리둥절하는 사이 금세 발 디딜 틈이 없이 잔디 광장까지 빼곡 들어찬다.

32만밖에 안 되는 이 나라 국민들이 모두 여기에 다 모인 듯하다. 어른들은 물론이고 유모차 아기까지 축제를 즐기고 있다. 조금 있으니 역시나 온통 무지개 색의 옷과 장식으로 치장한 사람들이 탄 차량의 행렬이 이어지고 노래와 춤, 음악, 구호까지 합세하여 그야말로 온 도시가 떠들썩하다. 행렬에 참가하는 사람들과 지켜보는 사람들 모두가 한마음으로 성소수자를 지지하고 있다.

매년 8월 6일 이 곳에서 성소수자를 보호하고, 다양한 생각을 가진 사람들이 공존하여 살아가는 세상을 널리 알리기 위한 '레이캬비크 게이 프라이드 퍼레이드 축제'가 열리는데 오늘이 바로 그 날이다.

퍼레이드 참가자들 _ 47cmx31cm _ 2016.08

성소수자 지지 거리 페스티벌 1 _ 29cmx43cm _ 2016.08

성소수자 지지 거리 페스티벌 2 _ 29cmx43cm _ 2016.08

어떤 구호에 열렬히 지지하러 나왔다기보다는 행사를 핑계 삼아 그 동안 못 보았던 사람들을 구경하러 나와 그 자체를 즐기는 듯하다.

광장을 뒤로 하고 할그림 교회 앞 주차장으로 올라오는 거리엔 그러고 보니 온통 무지개 색깔로 뒤덮여 있다. 사람들의 옷과 모자, 머리 화관, 목걸이, 크고 작은 깃발 심지어 옷 가게의 마네킹까지 목걸이를 하고 화관을 쓰고 있다.

교회로 가는 언덕길, 차가 드물게 오가는 차도의 양쪽은 동성의 웨딩 화보가 판넬로 전시되어 있는데 누군가가 사진을 크게 훼손한 흔적이 보인다. 어쨌든 고독의 땅이라는 이곳에서 거짓말같이 사람구경 실컷 했다.

열 시 예약을 해두었지만 조금 서둘러 7시에 블루라군을 향해 출발했다. 가는 길, 입장 시간을 기다리는 동안 어제처럼 저녁노을이 예쁘다. 구내 라운지 바에 앉아 샌드위치와 음료로 저녁을 먹으며 통 유리로 온천 안을 구경하였다. 연인과 가족들이 삼삼오오 즐거운 한때를 보내고 있다.

프리미엄 상품을 예약했던 우리도 타월, 슬리퍼, 가운을 받아 들고 9시 30분에 온천장에 입장하였다. 해는 졌지만 대낮처럼 환하여 에메랄드 우윳 빛 물이 그대로 예쁘고, 이 시간에도 사람들이 제법 많다. 물 바닥은 약간 우둘두둘하고 물은 미끌미끌, 온도는 38℃로 적당하다.

우리 둘 다 온천을 찾아 다니며 즐기지는 않지만 일본과 캐나다 록키에서의 온천은 특별했던 기억이 난다. 이곳 지열발전소의 200~300℃ 용수를 38℃로 식혀서 사용한다고 하는데 이쪽저쪽 옮겨 다닐 때의 물의 온도가 살짝 차이가 난다.

수중 머드팩 바에 가서 1차로 흰색 머드를 먼저 발랐다. 눈과 입술을 빼고는 얼굴에 온통 하얗게 팩을 바른 모습이 서로 우습다. 흰도깨비 화장한 얼굴을 하고 건너편 수중 바에 가서 맥주 한잔과 블루베리 음료를 시켰다. 수증기가 피어 오르는 뜨끈뜨끈한 물속에서 마시는 맥주와 음료가 특별한 분위기를 더해준다. 화이트 와인 한 잔을 더 마시고 이번에는 카키색의 2차 팩을 발랐다.

불루라군 온천 1 _ 29cmx43cm _ 2016.08

불루라군 온천 2 _ 29cmx43cm _ 2016.08

역시나 서로의 낯선 모습이 또 우습다. 커플들, 혹은 가족 단위로 삼삼오오 이리저리 자리를 옮겨 다니며 노니는 사람들 틈에서 우리도 물장구 치며 즐거운 시간을 보냈다. 매일의 동선을 계획하고 장소를 찾아 다니고 텐트를 치고 걷는, 빡빡한 일정을 소화하고 난 뒤에 맞는 달콤한 휴식인 이번 여행의 보너스를 맘껏 즐기며 그 동안의 피로를 풀었다.

세계 10대 버킷리스트의 하나로 전혀 손색이 없는 이곳을 햇살이 예쁜 대낮에 왔으면 Blue의 아름다움을 만끽하며 더 좋았을 텐데싶어 못내 아쉬웠지만 겨울, 하얀 눈 속의 Blue를 즐기는 모습을 기약하며 온천장을 나왔다.

입장하기 전 입구 샵에서 봐 두었던 양모 숄을 사가지고 밖에 나오니 12시, 밖은 이제서야 붉은 노을이 한창이다. 날아갈 듯 몸이 가뿐하다. 레이캬비크 캠핑장으로 돌아와 리셉션 데스크로 가보니 늦은 시간인데도 사람들이 꽤 있다. 컴퓨터를 하거나 책을 보기도 하고 혼자서 열심히 여행 계획을 짜고 있기도 하고 몇몇 젊은이들은 즉석에서 의기투합한 모양인지 왁자지껄 술을 마시며 고성방가에 춤까지 추고 있다.

라면을 끓이고 소시지를 구워 안주 삼아 양주 한 잔으로 어제 못한 완주를 자축하며 건배하였다. 옆 테이블 젊은이들의 들뜬 취기가 조금 시끄럽긴 했지만 젊음이 부럽기도 하였다. 우리도 저렇게 젊은 시절이 있었는데….

"우리도 아직은 멋진 나이야."

남편이 위로 아닌 위로를 해준다.

"맞아요. 우린 아직 이렇게 젊고 멋지답니다. 그리고 미지의 세계로 향하는 열정을 가지고 있답니다. 나의 훌륭한 리더를 위해 건배!"

우리 옆 테이블에서 혼자 조용히 책을 보고 있던 빨간 점퍼의 중년 남자가 조심스럽게 다가와 술 한 잔을 요청하기에 큰 종이컵에 가득 따라주니 무척이나 좋아한다. 두 시가 넘어가는 늦은 밤이지만 우리 기분은 날아갈 것 같다. 정리하고 자리에서 일어서려는데 커다란 배낭을 각각 짊어진 앳된 얼굴의 젊은 남녀가 추위에 얼굴이 빨개져서 들어온다. 도보 여행자인 듯싶다. 역시 젊음은 멋지다!

#13

8월 7일

할그림스키르캬 파이프 오르간 콘서트 / 케플라빅 공항

느긋하게 늦잠을 자고 일어나니 10시다. 텐트 문을 통해 보이는 하늘이 맑다. 바람도 살랑살랑 불어 기분이 상쾌한데 이제 떠날 짐 정리를 하자니 서운함이 앞선다. 우여곡절이 많았던 첫 밤부터 무려 네 밤이나 이곳에서 지냈으니 정이 들 수밖에. 무엇보다도 이것으로 캠핑 생활이 끝나는 것이 아쉽다. 그 동안 제법 규모 있게 쓸모 있었던 단출한 살림살이를 정리하고 나니 이제 막 한철을 자연에서 지내고 돌아온 유목민 같다는 생각이 든다.

오늘부터 지내야 할 호텔 생활이 무척이나 답답할 것 같은 예감이 든다.

다시 교회로 올라가 맞은 편 길가에 주차를 해놓고 파이프 오르간 연주 티켓 구매를 문의하니 4시부터 판매를 한다하기에 시내에 가서 놀다가 오후에 다시 오기로 했다.

교회에서 걸어 내려오는 길, 이번에는 왼쪽 길가 식당 야외 테이블에 앉아 브런치를 먹었다. 햇살이 맑아 눈이 부시다.

식당은 어제 사람들이 가득했던 광장의 초입인데 오늘은 광장이 거짓말처럼 한산하다. 광장 사거리를 지나 시청 앞으로 내려와 처음 이곳에 와서 들렀던 'cafe PARIS'에서 푸짐한 나초 한 접시를 시켜 커피 한잔을 마시며 마주 앉았다. 같은 자리에 앉았는데도 처음 들렀을 때와는 느낌이 아주 다르다. 여전히 차와 음식을 마주하고 햇살을 즐기는 이들의 수다가 이제는 정겹고 우리도 여행하며 찍은 사진을 되돌려 보며 여유를 즐긴다.

남편이 불쑥 떠나려니 아쉽다고 말한다. 어딘가에 크게 미련을 두는 사람이 아닌데 참 의외다. 정말로 겨울 아이슬란드를 오려나 보다.

네 시 조금 넘어 카페에서 일어나 할그림교회로 향했다. 구름 한 점 없는 맑고 푸른 하늘 아래 교회는 여전히 날씬하고 세련된 모습으로 금방이라도 하늘로 오를 듯한 모양을 하고 우뚝 서 있다. 이 도시에 튼튼하게 뿌리 내린 하얀 하늘 나무 같다.

할그림스키르캬 교회 _ 32cmx48cm _ 2016.08

파이프 오르간 _ 33cmx22cm _ 2016.08

입구에서 티켓을 구입해(1인당 2만 5천원 정도) 교회 안으로 들어가니 뒷면 파이프 오르간을 향해 의자를 배치해서 마치 콘서트장 분위기가 난다. 5시가 되자 키가 엄청 크고 나이가 지긋해 보이는 스톡홀름의 유명한 남자 오르가니스트가 무대에 올라 연주를 시작한다. 자리를 가득 메운 사람들은 숨 죽이고 네 단으로 되어 있는 건반에서 파이프로 울려 퍼지는 소리 하나하나를 가슴 울림으로 듣고 있다. 창문으로 비치는 햇살과 웅장하고도 아름다운 파이프 울림이 조화를 이루어 눈을 감고 들으니 천상의 음악이 이런 게 아닐까 싶게 황홀하다.

앵콜 곡까지 6시를 훌쩍 넘겨 7~8곡의 연주를 듣는 내내 천상을 나는 기분이었다. 나뿐만 아니라 이곳에 있는 사람들 모두 교회의 높은 천장으로 아름다운 오르간 소리가 울려 퍼진 한 시간 반 내내 몸도 마음도 평화로웠으리라.

감동의 박수 소리가 꽤 오랫동안 이어지는 가운데 연주자가 마지막 무대 인사를 하고 내려와 관객과 인사를 나누기에 나도 감사의 악수를 청했다. 물론 사진도 한 장.

오르간 연주자와 함께 _ 2016.08

열기에 가득 찬 교회를 나오니 공기가 제법 차다. 옷깃을 여미고 무심코 걸어 나오다 문득 뒤돌아보니 기울어지는 햇살에 음영이 선명한 모습의 하얀 교회가 나를 향해 손을 내민다. 나는 그 손을 잡고 한참을 가만히 서 있었다.

이제야 아무런 설렘 없이도 교회를 바라볼 수 있게 되었다. 그리고 아이슬란드 여행의 시작과 끝인 이곳을 편안히 품에 안았다.

파이프 오르간의 울림이 아직 가시지 않은 채 공항으로 달리는 차 안에서 남편은 혼잣말처럼 중얼거린다.

"이제야 겨우 아이슬란드를 반만 알게 되었어. 겨울 아이슬란드를 보아야만 100% 아이슬란드를 알 수 있을 것 같아."

꼭 그래야만 할 것 같다.

케플라빅 공항과 차를 반납하는 곳은 100m 거리. 공항에 짐을 내려 놓고 차를 반납하고 오면서 남편은 주유비만 결제하고는 키를 넘겨주고 왔다며 일본이나 뉴질랜드와는 참 다른 시스템이라고 한다. 그러고 보니 처음 도착해서 차를 인도 받을 때도 키만 달랑 받았던 기억이 난다.

공항 내 라운지에서 샌드위치로 저녁을 먹는 동안 우리처럼 여행 짐을 가득 실은 사람들이 들어오기 시작하고 의자가 부족해 아예 바닥에 배낭을 깔고 앉거나 누워 있기도 한다. 처음 이 곳에 도착했을 때의 풍경 그대로다. 카트에 가득가득한 여행 짐들을 보며 의아해 했었다. 여행을 하면서 깨닫게 되었다. 아이슬란드 여행은 캠핑으로 해야 제격이라는 것을. 도보로, 자전거로, 오토바이로, 자동차로, 캠핑카로…. 수단이야 여러 가지이지만 그들 대부분은 캠핑을 통해 자연과 호흡하며 여행을 하고 있었다.

출국 심사를 하고 탑승을 위해 줄을 서서 들어서는 입구에 직원들이 앉아서 한 사람 한 사람 일일이 출신국을 물어 체크하며 컴퓨터에 입력하고 있다. 컴퓨터 창 여러 나라 중 우리는 해당 사항이 없어 기타 나라에 체크된다. 12시 넘은 시각 헬싱키로, 3시간 30분 후 모스크바로….

#14

8월 8일 밤

헬싱키 / 모스크바

밤 사이 우린 자연세계에서 문명세계로 건너왔다. 호텔에서 짐을 풀고 거리로 나섰을 때 받은 모스크바의 첫 인상은

'도로가 참 넓구나.'

였다.

인도는 물론 차도가 어마어마하게 넓고 그 위를 차들이 마치 고속도로를 질주하듯 달린다. 도로의 격에 맞게 도로 양 옆 빌딩들은 어찌나 큰지 걸어다니는 사람들이 개미처럼 보인다.

바실리 성당의 아름다움에 감탄하다가도 크레물린 궁의 위압적이고 폐쇄적인 위용에 가슴이 답답해 지기도 하고, 설레는 맘으로 볼쇼이 극장 앞을 지나다가도 차도에 밀려 그 앞에선 아예 횡단보도가 없어 멀리 돌아가 건너야 하는 불편함에 씁쓸해지기도 하였다.

굴곡진 역사의 잔재처럼 아직도 러시아인들 표정에 어려있는 무뚝뚝함과 다소의 불친절함과 마주치기도 하고 자연미라고는 찾을 수 없는 삭막한 거리를 거닐다가 중학교 문학 소녀 시절 흠모했던 도스토예프스키와 톨스토이, 푸쉬킨을 동상으로나마 만나며 씁쓸해진 마음을 조금이나마 달랠 수 있었다.

겨울 방학 긴긴 밤 고향집 사랑방에서 등잔불 켜놓고 읽었던, 한없이 거리가 느껴졌던 그들의 역사와 삶이 단지 물리적인 것, 이곳에 와 있다는 것 하나만으로도 마음에 와 닿고 이 삭막한 거리가 조금 정겨워지기 시작했다.

생전 톨스토이의 동영상을 보면서, 죄와 벌의 주인공 라스클리니코프가 살았던 배경이 된 동네와 광장을 거닐며, 이름없는 빵집에 들러 러시아인들의 주식이었던 아기 얼굴만한 빵과 만두를 먹으며, 아련하게 또 다시 무지막지하게 통명스러운 이 도시를 사랑하고 있음을 깨달았다.

'무무'라고 하는 제법 이름있는 러시아 음식 뷔페식당을 들러 마지막 저녁을 맛있게 먹고 들어와 호텔 TV를 틀었는데 정말 우연히도 독일 다큐 방송에서 아이슬란드의 삶을 다룬 프로가 나와 시청하게 되었다. 프로듀서가 직접 헬기로 이 마을 저 마을을 옮겨 다니며 그들의 삶을 있는 그대로 조명한 내용인데 덕분에 우리가 차를 타고 지나기 때문에 어쩔 수 없이 피상적으로 보았던 아이슬란드인의 삶을 자세히 들여다 볼 수 있었다.

자연 속에서의 의식주 생활, 특히 인구가 분산돼 있어서 문제가 되는 자녀교육을 지혜롭고도 격식 있게 해내려는 노력이 인상적이었다. 변화무쌍한 풍광과 급변하는 날씨, 그리고 산에 들에 늘 존재했던 양 세 마리까지 우리가 본 그대로의 풍경이 반가워 한 장면도 놓칠 수가 없었다.

도로횡단 양 세 마리 _ 27cmx40cm _ 2016.08

겨울의 아이슬란드를 꿈꾸며 _ 27cmx40cm _ 2016.08

벌써 아이슬란드가 그립다. 이미 사람들에게 전혀 친절하지 않은 위압적인 건물과 큰 도로, 콘크리트와 시멘트 덩어리인 이 도시를 마주하는 순간부터 수평선, 지평선으로 360도 시야가 확 트였던 아이슬란드를 그리워하기 시작했다.

복잡한 문명의 도시인 서울로 돌아가면, 시간이 흐를수록 우리 맘이 먼저 슬쩍 슬쩍 아이슬란드로 도망을 갈 것 같다. 그리고 결국 우린 겨울, 하얀 눈 세상 그곳에 또 서 있으리라.

부록

캠핑장 소개

1. 레이캬비크 캠핑장

공항에서 40분 거리에 있는 레이캬비크 시내에 위치하고 있으며 주요 관광 거점과의 접근성이 아주 용이하고, 캠핑장 내에 샤워시설 및 공용 취사시설 등이 잘 갖추어져 있음. 가스 등 간단한 캠핑 용품을 판매하고 아이슬란드 여행관련 각종 정보를 얻을 수 있음. (아이슬란드 최대의 캠핑장으로 700동 이상 수용 가능)

네비게이션 입력으로 공항에서 시내로 오는 야간에도 쉽게 찾을 수 있음.

2. 굴포스 캠핑장

골든써클의 마지막 거점인 굴포스를 둘러보고 다시 게이시르 방향으로 나오는 길가 우측에 위치하고 있으며 호텔과 레스토랑을 겸하고 있는 제법 큰 캠핑장임.

샤워시설과 개수대 등 이용 가능함.

3. 스코가 캠핑장

스코가포스 바로 앞에 있는 자연 그대로의 캠핑장으로 폭포 소리를 들으며 숙박 가능함. 유료 샤워가 가능하며 근처에 호텔 및 레스토랑이 있음.

4. 스카프타펠 캠핑장

스카프타펠 국립공원내에 있는 캠핑장으로 비교적 규모도 크고 샤워시설은 물론 화장실과 개수대 등이 잘 갖추어져 있어 여유로운 캠핑이 가능함.

5. 호픈 캠핑장

호픈 마을 입구로 들어가는 길가 좌측에 있으며 큰 입간판이 있어서 찾기가 매우 쉬움. 관리 사무실내 기념품점에서 가스 등 캠핑용품을 판매하며 배터리 충전 및 유료 샤워가 가능함. 오토캠핑은 물론 자전거 캠퍼들이 많이 이용함.

6. 에이일스타디르 캠핑장

아주 작은 마을인 에이일스타디르의 중심지역에 위치한 큰 교회 뒷편에 있는 소규모 캠핑장이지만 관리실도 제법 크고 유료 샤워가 가능함. 공용식당이 있어서 실내 취사도 가능함.

7. 후사비크 캠핑장

데티포스에서 후사비크 마을로 들어가는 초입 좌측의 완만한 언덕에 있는 보통 규모의 캠핑장임. 일주도로에서 잘 보이고 취사시설은 물론이고 세탁물 건조기까지 갖춘 시설이 매우 양호한 캠핑장임.

8. 아쿠레이리 캠핑장

시내 랜드마크인 교회 뒷편 수영장 위에 위치하고 있으며 레이캬비크 캠핑장 수준의 시설을 갖추고 있음. 시내 중심부까지 도보로 이동이 가능함.

9. 스나이펠스네스 반도 캠핑장

반도 입구 개활지에 있는 매우 넓은 캠핑장으로 화장실과 개수대 등이 잘 갖추어져 있음.

※ 일본과 뉴질랜드와 같이 모든 캠핑장이 잔디밭이어서 텐트 설치기 매우 용이하고 배수가 잘 됨.

아이슬란드 캠핑 준비

1. 렌터카 예약

아반떼급 소형의 수동 차량을 국내 허츠 렌터카의 고객센터를 통해서 전화 예약함. 인터넷을 통한 로컬 업체를 이용하면 좀더 저렴할 수도 있음.

북유럽이 렌터카 비용이 좀 비싸긴 하지만 현지 교통과 캠핑 숙박을 고려한 총비용에 있어서는 적절한 편임.
공항에서 픽업과 반납을 할 수 있는 매우 쉬운 프로세스로 되어 있음.

2. 텐트

3, 4인용의 스노피크 어메니티 스몰을 사용했음.

이 텐트는 입구 부분에 전실이 있어서 우천시 활용은 물론 짐 보관이 용이하고 바람이 불거나 추울때 2명이 실내 식사도 할 수 있는 크기여서 해외 원정시 자주 이용하는 텐트임.

여름시즌에는 비가 거의 오지 않아서 타프 등은 필요 없음.

3. 침낭과 에어매트

아이슬란드 캠핑장은 거의 모든 캠핑장이 잔디밭이어서 가벼운 에어 메트로 충분하며 침낭은 현지 날씨를 고려해서 부피가 덜 나가는 동계용이 바람직함.

4. 코펠과 버너

캠핑하면서 취사로 식사가 가능해서 2인용 코펠을 준비하면 됨.

버너만 가져가면 가스는 레이캬비크, 호픈 캠핑장 등에서 구입 할 수도 있고 링로드를 따라가다 주유소가 있는 휴게소 등에서도 쉽게 구입 가능함. (고기 구울 수 있는 조그만 프라이팬 필수)

차량으로 이동시에도 커피 등 물을 끓일 수 있는 바람에 강한 MSR 버너가 있으면 효율적임.

5. 된장, 소금, 설탕 등 양념, 김치와 밑반찬

밥과 국그릇, 수저, 컵, 넓은 접시 3-4개, 가위, 집게, 칼, 수세미, 세제, 행주, 5리터 정도의 물통, 설거지 바구니, 접이식 상이나 돗자리, 야외용 의자

6. 옷과 신발

우리나라 가을과 초겨울의 날씨이므로 긴옷이 필수임.

가벼운 내복과 우모복, 바람막이 점퍼, 햇빛 가리는 모자와 겨울용 털모자, 장갑, 무릎담요, 경 등산화 또는 운동화

캠핑으로 떠나는
아이슬란드

초 판 1쇄 발행 2017년 1월 30일

저자 김효송 · 임찬호
발행인 이향준
발행처 (주)법률저널
등록일자 2008년 9월 26일
등록번호 제15-605호
주소 151-862 서울 관악구 복은4길 50 (서림동 120-32)
대표전화 02)874-1144 **팩스** 02)876-4312
홈페이지 www.lec.co.kr
ISBN 978-89-6336-284-7
정가 14,000원